양지열의
국가기념일 수업

양지열의

국가 기념일 수업

양지열 지음

시민력 만렙을 ♡ 위한 ♡ 법과 공동체

기념일을 기념해야 하는 이유

살아가는 동안 두고두고 기억할 만한 일이 있으면 그날을 기념일로 삼습니다. 누구에게나 태어난 날을 기념하는 생일이 있고, 배우자를 만나 함께 인생길을 걷기 시작하면 결혼기념일이 생기지요. 남들은 모르는 혼자만의 특별한 날을 기념하기도 하고, 또 어떤 날은 가족, 친구와 함께하며 슬픔을 나누기도 합니다.

이처럼 다양한 방식으로 기념일을 기념하다 보면 지난날을 추억할 수 있고, 처음과 달리 느슨해진 내 마음을 다잡을 수도 있습니다. 아픈 일이나 실수를 기억하는 날이라면 되풀이하지 않겠다고 다시한번 각오를 다지기도 할 거고요.

대한민국 역시 마찬가지입니다. 나라가 만들어지고 성장하는 동안 많은 일을 겪었습니다. 큰 시련에 흔들린 적도 있고, 이를 극복한 더 기쁜 날을 맞기도 했습니다. 변화하는 세상 속에서 과거를 기억하는 기념일뿐만 아니라 더 나은 미래를 만들기 위해 기념하는 날도 만들어졌지요.

달력을 보면 나라에서 정한 수많은 기념일이 빼곡히 적혀 있습니다. 어떤 날은 익히 잘 아는 날이고, 어떤 날은 생소하지요. 또 어떤 날은 빨간 날이라고 쉬는데, 어떤 날은 쉬지 않아서 아쉬웠던 적도 있을 거예요.

우리나라의 기념일은 국경일과 법정 공휴일, 국가기념일 이렇게 세 범주로 구분할 수 있어요. '국경일'은 나라의 경사스러운 날을 기념하기 위해 법으로 지정한 날이에요. 삼일절, 제헌절, 광복절, 개천

절, 한글날 이렇게 다섯 개의 날들이 있지요.

'법정 공휴일'은 '관공서의 공휴일에 관한 규정'에 의해 공휴일이 된 날입니다. 쉽게 말해 쉬는 날, 빨간 날이지요. 매주 있는 일요일이 법정 공휴일이고요, 제헌절을 뺀 국경일도 공휴일입니다. 그 외에 설날, 부처님 오신 날, 어린이날, 성탄절 등이 공휴일로 지정되어 있어요.

마지막으로 '국가기념일'은 나라에서 '각종 기념일 등에 관한 규정'을 만들고, 이 규정에 따라 정부가 제정한 기념일을 말해요. '법정기념일'이라고도 하지요. 국가기념일로 지정되면 이날을 주관하는 부처가 정해지고, 부처에서 자체적으로 예산을 확보해 기념식이나 행사를 전국적으로 진행할 수 있어요. 납세자의 날, 식목일, 4·19 혁명 기념일 등 총 53개의 국가기념일이 있지요.

우리는 이 책에서 20개의 국가기념일을 살펴볼 거예요. 1장에서는 서해수호의 날, 국민안전의 날처럼 모두가 안전하고 평화로운 세상을 위한 날들에 대해 알아봅니다. 2장은 5·18 민주화운동 기념일, 6·10 민주항쟁 기념일처럼 모든 권력이 국민에게서 나오는 민주 국가를 위해 싸웠던 날들을 소개하고요. 마지막으로 3장에서는 지방자치의 날, 순국선열의 날처럼 주체적인 민주 시민이 되기 위한 날들을 살펴봅니다. 그뿐만 아니라 세계시민 의식을 키울 수 있도록 세계 차 없는 날, 세계 안내견의 날과 같은 세계적인 기념일도 각 장 끝마다 소개합니다.

한 사람의 인생에도 수많은 일이 일어나는데, 대한민국이라는 나라가 지나온 날들은 더욱 그렇겠지요. 국가기념일에는 우리나라의 역사가 담겨 있습니다. 그리고 역사는 더 나은 미래를 만들기 위한 과거의 기록입니다. 우리는 기념일을 기념함으로써 더 나은 미래, 지속 가능한 세상을 만들어 갈 수 있습니다. 그런 면에서 국가기념일은 국가뿐만 아니라 나와 우리, 개개인의 삶에도 큰 영향을 미치고 있는 거지요. 내가 살고 싶은 나라는 바로 내 손으로 만들어 나가야 합니다. 그동안 무심코 넘겼던 달력 속 국가기념일을 통해 여러분의 시민력이 더욱 단단해지기를 바랍니다.

3 시민을 위해, 민주를 향해

1

모두가 **평등**하게,
모두가 **안전**하게

3월
March

3

납세자의 날

부자가 세금을 내지 않는다면

납세자의 날은 국민에게 납세 정신을 일깨우고, 세수를 늘리기 위한 목적으로 만든 국가기념일입니다. 여기서 '납세'란 세금을 내는 일을 말하고, '세수'란 세금을 걷어서 얻는 정부의 수입을 말합니다. 즉 납세자의 날은 '세금을 내는 사람들의 날'이란 뜻이죠. 그래서 이날을 만든 기관도 나라의 세금을 관장하는 국세청이에요.

원래 이름은 조세의 날이었습니다. 그런데 '조세'라는 말이 강제로 걷는 세금을 뜻하니까 거부감을 일으킨다는 의견이 있었어요(한자로 조租는 곡식을 바친다는 뜻이거든요). 그래서 2000년부터는 세금을 내는 국민이 나라의 주인이라는 뜻으로 납세자의 날로 이름을 바꾸어 기념하고 있습니다.

세금 내기 싫으면? 떠나면 됩니다

농담하냐고요? 진짜예요. 세금을 내기 싫다면 대한민국을 떠나는 게 가장 간단한 방법이에요. 우리가 세금을 내야 하는 이유는 분명합니다. 한번 볼까요? 국민이 대한민국 영토 안에서 안심하고 생활할 수 있게 정부는 군대와 경찰을 관리해야 합니다. 사람들이 자유롭게 오가며 경제 활동을 할 수 있도록 도로를 깔고 신호등도 설치해야 하고요. 아픈 사람들이 걱정 없이 병원에 다닐 수 있게끔 의료 제도도 마련하고, 어린이나 노인을 위한 복지 제도도 갖춰야 합니다. 이러한 것들은 당장에 돈을 벌어다 주는 일이 아니기 때문에 개인에게 맡겨 둘 수 없답니다. 아무도 하려고 하지 않을 테니까요. 그래서 국가가 이 일들을 도맡아 하기 위해 세금을 걷는 거예요.

자, 여기까지는 아마 잘 알고 있을 겁니다. 인터넷에 '납세자의 날'이라고 검색만 하면 수많은 정보가 쏟아져 나올 테니까요. 그럼 언제 만들어졌는지도 한번 볼까요? 국민이 성실히 납세하도록 장려하는 목적으로 1967년 국세청이 지정한 '조세의 날'이 시작이었네요. 그러다 2000년부터 납세자가 주인이라는 뜻에서 '납세자의 날'로 이름을 바꿨고요. 정부는 이날을 기념하면서 기념식도 열고 상도 줍니다. 여러분도 아마 유명 연예인 중 누군가 '모범납세자상'을 받고 홍보 대사가 되었다는 뉴스를 본 적 있을 거예요.

그런데 왜 굳이 이런 날을 만들었을까요? 정답은, 사람들이 세금 내기 싫어하니까! 오죽 세금 내는 걸 싫어하면 국가기념일까지 만들었겠어요. 모범납세자상을 준다는 건, 거꾸로 모범적이지 않은 납세자도 있다는 말이에요.

주변에 이렇게 불평하는 사람들이 있습니다. "왜 내가 번 돈을 국가가 가져가느냐" "세금은 많이 내는데 나라가 나한테 제대로 해주는 건 하나도 없다" "그 많은 돈을 걷어서 어디다 쓰는지 모르겠다" 등등. 그럼 또 다른 한편에서는 이런 말들도 합니다. "번 만큼 내는 거지 왜 그러냐" "그렇게 싫으면 대한민국을 떠나라!"

그런데 싫으면 떠나라는 말은 마냥 농담은 아니에요. 우리 헌법은 거주 이전의 자유를 보장하고 있거든요.

3월 3일 납세자의 날

〈헌법 제14조〉
모든 국민은 거주·이전의 자유를 가진다.

가고 싶은 곳, 살고 싶은 곳에서 자유롭게 살 권리가 있다는 뜻이에요. '대한민국 국민은 대한민국 영토 안에서만 살아야 한다'라는 제한이 없는 만큼, 자유롭게 이 나라를 떠날 권리까지 보장하는 거죠. 너무 당연한 거 아니냐고요? 북한을 떠올려 봅시다. 북한 사람들은 마음대로 이사는커녕 통행증 없이는 여행도 할 수 없습니다. 나라 밖을 나가기라도 하면 탈북자가 되어 쫓기는 신세가 되죠.

싫으면 나라를 떠나라는 말의 의미는 단순하게 "싫으면 네가 나가라!"라는 게 아니에요. 국가의 3요소는 주권·영토·국민입니다. 여기서 우리가 눈여겨봐야 할 게 바로 국민이에요.

〈헌법 제1조〉
① 대한민국은 민주공화국이다.
② 대한민국의 주권은 국민에게 있고, 모든 권력은 국민으로부터 나온다.

그러니까 떠난다는 건, 주인이기를 포기하는 결정권이 나에게 있다는 적극적인 뜻입니다. 다시 말해 대한민국이 우리를 데리고 있는 게 아니라, 우리가 대한민국을 이루고 있다는 말이에요.

세금은 나와 우리에게 쓰이는 돈

국가와 지방자치단체의 살림살이에 쓰기 위해 국민으로부터 강제로 거둔 돈. 이것이 바로 세금입니다. 국민의 4대 의무(교육의 의무, 국방의 의무, 근로의 의무, 그리고 납세의 의무)에도 속하죠.

그런데 가만히 들여다보면 성격이 조금 다른 것들이 있어요. 교육의 의무란 '모든 국민이 자녀에게 최소한의 교육을 받게 할 의무'를 말하는데, 아이들 입장에서 교육은 권리이기도 합니다. 그래서 교육은 국가 세금이 쓰이는 중요한 부분입니다. 살아가는 데 필요한 직업을 가질 수 있도록 국가가 보장할 필요가 있다는 점에서 근로의 의무도 의무인 동시에 권리의 성격을 지니고요.

그 밖에 헌법에는 환경보전의 의무와 개인의 재산이라도 사회 전체의 이익을 해치지 않도록 해야 할 의무도 있습니다.

〈헌법 제35조〉
① 모든 국민은 건강하고 쾌적한 환경에서 생활할 권리를 가지며,
   국가와 국민은 환경보전을 위하여 노력하여야 한다.

〈헌법 제23조〉
② 재산권의 행사는 공공복리에 적합하도록 하여야 한다.

내 재산인데 왜 사회 전체와 다른 사람의 이익까지 생각하라고

납세자의 날
3월 3일

하는 걸까요? 여러분에게 아주 성능 좋은 스포츠카가 있다고 상상해 봅시다. 살짝만 액셀을 밟아도 시속 100km는 우습게 넘을 거예요. 여러분은 이 차를 타고 어디든 갈 수 있을 거고요. 그런데 아무리 뻥 뚫린 도로라도 그게 초등학교 앞이라면 시속 100km로 달려도 될까요? 안 되겠죠. 수많은 사람이 모인 사회, 대한민국이라는 국가를 이루고 함께 살아가기 위해 서로 지켜야 하는 것들이 있습니다.

세금도 같은 원리예요. 국가와 지방자치단체를 운영하는 데 필요한 돈은 다른 누군가가 아닌 바로 나 자신을 위한 거예요. 여러분이 사는 집을 생각해 보세요. 수도세나 전기세처럼 집을 유지하고 관리하는 데에 비용이 들지요? 집이라는 공간을 조금 더 넓힌 개념이 바로 지방자치단체와 국가예요. 여러분이 사는 그곳이 바로 국가와 지방자치단체인 거죠. 그러니까 세금은 바로 '나'를 위해 내는 돈입니다.

열심히 일할수록 억울하다?

물론 이렇게 반문하는 사람들도 있어요.

"모두를 위한 건데 왜 누구는 세금을 더 많이 내고, 누구는 덜 내는 거죠?" "돈을 많이 벌었으니 세금을 더 내라고 한다면, 열심히 일한 사람을 차별하는 거 아닌가요?

이 질문은 아주 중요하면서도 어려운 문제입니다. 세금 중에서 누진세를 예로 들어 볼게요. 누진세란 소득이 커질수록 높은 비율로 세금을 매기는 제도를 말합니다. 이를테면 1년에 1억 원 이상을 벌었다면 그중 20%를 세금으로 내도록 하지만, 1억 원 미만이라면 10%만 내는 거죠. 많이 내는 사람이라면 불만을 품을 수도 있어요. 과연 이런 제도가 타당한지 한번 살펴볼까요?

우선 돈을 많이 번 사람들의 세금은 액수가 그만큼 클 테니 국가 재정에 더 큰 도움이 될 겁니다. 뉴스에서 최신 무기를 도입했다거나 새로운 도로를 개설하기로 했다는 소식을 전할 때 금액이 얼마나 되는지 들어 봤을 거예요. 서울의 외곽 순환 도로는 1km를 만드는 데 347억 원이 쓰인답니다. '억' 소리 나죠? 그만큼 나라 살림에는 돈이 많이 들어요. 국가에 필요한 시설은 계속 새롭게 만들고, 이미 만든 것은 잘 유지하는 등 계속 큰 투자를 해야만 나라가 멈추지 않고 성장할 수 있거든요.

한편으로 누진세는 '소득의 재분배'를 통해 빈부격차를 줄이는 효과가 있어요. 부자가 되기 위해선 열심

고속 도로와 같은 공공재를 만들고 유지하려면 큰돈이 듭니다. 우리나라는 누진세를 적용해 소득이 많을수록 더 많은 세금을 걷어 나라 살림에 보탭니다.

납세자의 날
3월 3일

히 노력하는 게 꼭 필요하지만, 노력하지 않았는데도 부자가 되는 일도 있거든요. 예를 들어 새 도로가 개통되거나 지하철역이 만들어지면 그 주변에 땅을 갖고 있던 사람은 운 좋게 땅값이 올라 큰돈을 벌게 됩니다. 개인의 노력하고는 크게 상관이 없죠. 땅 자체는 열심히 번 돈으로 샀을지 몰라도, 원래 땅값보다 더 큰 이익을 얻었으니까요. 이러한 소득은 다른 사람들과 나눠야 공정합니다.

또 기업이 생활에 꼭 필요한 기발한 제품을 만들었다고 칩시다. 당장은 비싼 값에 팔아 많은 돈을 버는 데 관심이 있을 거예요. 하지만 욕심에 치우치다 보면 그 물건을 사야만 하는 사람들이 가난해질 수 있어요. 가난해진 사람들은 더더욱 기업의 물건을 살 수 없게 되고요. 그러면 빈부격차는 더욱 커질 테고, 기업 역시 물건을 많이 팔지 못해 경제가 나빠질 거예요. 벌어들인 수익 일부분을 다수의 소비자인 국민에게 나눠야 국민이 그 돈으로 소비를 하게 되고, 이로써 경제의 선순환이 이뤄질 수 있습니다.

이렇듯 개인의 양심에만 맡기기보다 국가가 시스템을 갖춰 재분배를 주도해야 나라를 더욱 안정적으로 운영할 수 있어요.

내 세금 제일 잘 써줄 사람 뽑아요

자, 여기서 또 누군가는 이렇게 말할 수도 있겠네요.

"많이 번다고 세금을 더 내라고 하면 열심히 일하려는 의욕이 꺾이지 않을까요?"

"국가가 간섭하는 건 기업가나 자본가의 자유를 침해하는 일 아
닌가요? 내야 하는 세금이 많아지면 회사의 대표가 임금을 깎으려
고 하지 않겠어요? 그럼 근로자에게 손해니까 소득의 재분배라는
원래의 뜻도 바랠 거고요."

이쯤에서 국가가 하는 일을 다시 떠올려 봅시다. 나라에서는 세
금으로 걷은 돈을 어떻게 쓸까요? 행정안전부, 보건복지부, 국방부,
법무부 등 대한민국의 살림살이를 맡은 여러 정부 부처가 있습니다.
이러한 부처들은 해마다 앞으로 5년 이상 할 일을 정리해서 나랏돈
을 관리하는 기획재정부에 제출하지요. 그럼 기획재정부는 그 계획
들을 살펴보고 그해에는 얼마만큼의 돈을 써야 할지 각 부처와 조
율합니다. 조율이 끝나면 대통령이 국무회의를 열어 다시 한번 검토
하고, 대통령이 승인하면 예산안은 국회로 넘어갑니다. 최종적으로
국회가 허락하면 세금으로 걷은 돈을 쓸 수 있게 되지요.

여기서 끝이 아니에요. 허락받고 쓰는 돈이지만 제대로 썼는지
해마다 감사원에서 감독하고, 국회에서도 확인합니다. 그런데 대통
령과 국회의원은 내 손으로 뽑잖아요? 그러니까 국민이 얼마만큼의
세금을 낼지, 또 그 돈이 어디에 쓰일지는 바로 내가 결정하는 거나
마찬가지예요.

납세자의 날
3월 3일

복지, 오해하지 맙시다

나라에서 세금으로 어려운 처지에 있는 사람을 돕는다고 합니다. "아니, 세금은 세금을 낸 나를 위해 쓰인다고 앞에서 말했는데 왜 또 다른 사람을 돕는 거죠?" 이 점에서 불만이 생길 수 있습니다. 저소득층 중에는 세금을 아주 적게 내거나 거의 안 내는 사람도 있으니까요. 그래서 국가나 지방자치단체의 복지 정책을 두고 사람들 사이에 의견이 분분하고 다툼이 생기기도 합니다. 그렇다면 우리는 능력이 없고, 노력하지 않는 사람들을 어디까지 돌봐야 할까요?

이 문제는 생각할 거리가 많은 주제입니다. 많은 사람이 복지에 관해 오해하고 있는 듯한데, 복지를 꼭 '어려운 사람을 돕는 일'이라는 좁은 의미로 봐야 할까요? 이렇게 한번 생각해 봅시다. 우리 인간은 왜 각자 따로 떨어져 살지 않고 이렇게 공동체를 이루어 살게 된 걸까요? 분명 혼자 사는 것보다 나은 점이 있기 때문일 겁니다. 열심히 노력했는데 예상치 못한 사고 때문에 실패를 겪을 수도 있고요, 뛰어난 재능을 갖췄는데도 형편이 되지 않아 그 재능을 발휘하지 못할 수도 있어요. 이러한 사람들에게 복지가 제공된다면 그들의 노력과 재능이 곧 사회와 국가, 나아가 인류 전체에 큰 도움을 줄 수도 있는 겁니다.

복지란 단지 가난한 사람을 돕는 일이 아닙니다. 대한민국이라는 나라에 사는 모든 사람이 인간으로서 누려야 할 권리를 보장하는 일이지요. 모든 국민의 권리가 보장될 때 대한민국이라는 국가도 건강하게 성장할 수 있습니다.

납세자의 날인 3월 3일은 '삼겹살 데이'이기도 하다는 거, 혹시 알고 있나요? 어느 정치인이 예전에 이런 말을 했어요. "모두가 똑같이 비싼 소고기를 먹자는 건 아니지만, 최소한 삼겹살만큼은 함께 먹을 수 있는 나라를 만들자"라고요. 이 말, 여러분은 어떻게 생각하나요?

납세자의 날
3월 3일

다른 나라는 어때?

우린 이런 세금도 낸다! 반.려.견.세

스위스와 독일에서는 반려견을 키우는 사람이 세금을 냅니다. 스위스에서는 도
그 택스Dog Tax, 독일에서는 훈데스토이어Hendesteuer라고 불러요. 재미있는 건, 덩
치가 크거나 사납고 위험한 견종일수록 세금을 더 많이 내야 한다는 거예요.

우리나라에서 반려동물을 키우는 인구수는 약 1,500만 명에 이른다고 합니다.
우리나라도 2014년 동물등록제를 시행하면서 반려견세 도입이 거론되었는데요,
동물 복지를 위해 꼭 필요하다는 찬성 의견과 세금 내기 싫어서 키우던 동물을 유
기하는 사람이 많아질 거라는 반대 의견이 팽팽히 맞서고 있어요.

3월
March

넷째 주 금요일

서해수호의 날

종전 선언이 필요한 이유

서해수호의 날은 북한의 도발에 맞서 우리 바다를 지켰던 서해수호 55 용사의 희생을 기리기 위해 제정한 국가기념일입니다. 2002년 제2연평해전, 2010년 천안함 피격 사건 그리고 2010년 연평도 포격전으로 세상을 떠난 55명의 용사를 잊지 않기 위해 2016년부터 매년 기념식과 추모 행사를 열고 있죠.

국민의 안전한 일상을 위해 지금도 우리 젊은이들은 눈을 부릅뜨고 산과 들, 바다를 지키고 있습니다. 한반도에서는 아직도 공식적으로 전쟁이 끝나지 않았으니까요. 하루빨리 전쟁의 위협이 끝나고, 한반도에 진정한 평화가 찾아오길 바랍니다.

불타올랐던 서해

2010년 3월 26일, 3월의 넷째 주 금요일 밤 9시 무렵이었습니다. 서해 백령도 근처를 지키고 있던 해군 경계함 천안함이 갑작스레 폭발에 휩싸였습니다. 104명의 젊은 목숨을 태우고 있던 천안함은 순식간에 가라앉기 시작했어요. 어떻게 손쓸 틈도 없이 빠른 속도로요. 단 몇 분 만에 배는 차가운 바닷속에 완전히 잠겨 버렸습니다. 104명 중 살아남은 사람은 58명. 현장에서 40명이 목숨을 잃었고, 6명은 시신조차 찾지 못했습니다. 나라를 위해 바친 생명이었기에 모두에게 무공 훈장이 주어졌지만, 남은 가족에게 큰 위로가 되지는 못했습니다. 거기서 끝이 아니라 바다로 뛰어들어 전우를 찾던

해군 제2함대사령부에
천안함 피폭 지점이
전시되어 있어요.
너덜너덜한 배의 단면이
당시의 처참한 상황을
잘 보여 줍니다.

해군 특수전전단^{UDT} 대원 1명이 지친 나머지 순직했고, 수색 작업을 마치고 돌아가던 배가 충돌 사고를 일으켜 선원 2명이 숨지고 7명이 실종되는 일까지 이어졌습니다.

도대체 왜 그런 일이 벌어졌는지 여러 추측이 떠돌았습니다. 북한이 공격했다, 암초에 걸렸다, 천안함 내부에서 폭발이 일어났다는 식으로요. 정부는 조사단을 꾸렸어요. 민간과 군의 전문가를 비롯해 미국, 영국, 호주, 스웨덴의 전문가 24명이 참여해 치밀하게 조사했죠. 국제적으로도 큰 논란이 된 사건이었으니까요. 결론은 북한의 소형 잠수함에 의한 어뢰 공격이었습니다. 다만 북한은 끝까지 자신들의 소행이라는 사실을 인정하지 않았어요. 안타깝지만 유엔 안전보장 이사회^{UNSC}도 분명하게 북한의 잘못이라고 꾸짖지는 못했습니다. 서해 바닷속 한가운데에서 벌어진 일이었기에 한계가 있었던 거죠.

천안함 피격이 벌어지고 약 8개월이 지난 2010년 11월 23일, 더욱 분명한 북한의 도발이 또 한 번 있었습니다. 서해 연평도에 포탄

서해수호의 날
3월 넷째 주 금요일

약 170발이 떨어진 사건인데요, 북한과 그동안 크고 작은 충돌이 끊이지 않았지만 대놓고 무차별 포격을 가한 것은 이번이 처음이었습니다. 그들은 대한민국이 먼저 북한 쪽 바다에 포격했다고 주장했어요. 우리 군은 평소처럼 연평도 남쪽을 향해 훈련했을 뿐이었는데 말이에요. 북한의 공격에 맞서 우리 해병대 자주포가 불을 뿜었고, 전투기 역시 긴급 출격하면서 더 큰 충돌로 이어지지는 않았습니다.

하지만 안타깝게도 이미 북한의 포격으로 해병대원 2명이 전사했고 민간인 2명이 숨졌습니다. 해병대원 16명, 민간인 3명은 크고 작은 부상을 입었고요. 연평도에 있는 민간인의 집과 차들이 불탔고, 산불까지 났습니다. 물론 북한도 적지 않은 손해를 입었어요. 진짜 전투가 벌어졌던 겁니다. 영화나 드라마 또는 지나간 역사에서 일어난 일이 아니었습니다. 모두가 알듯이 한반도는 '휴전', 즉 전쟁을 잠시 멈추고 있을 뿐이니까요. 아무렇지 않은 날들이 이어지고 있어도 대한민국은 여전히 전쟁 중인 나라입니다. 언제든 연평도 포격전 같은 일이 반복될 수 있는 상황인 거죠.

영해가 뭐길래

그런데 하필이면 왜 서해일까요? 우리나라의 지리적 특징에서 그 이유를 찾아볼 수 있습니다.

〈헌법 제3조〉

대한민국의 영토는 한반도와 그 부속도서로 한다.

그 나라의 통치권이 미치는 범위의 바다를 '영해'라고 합니다. 영토가 우리 땅이듯 영해는 우리 바다라고 할 수 있지요. 그럼 우리나라의 영해는 어디서부터 어디까지일까요? 육지처럼 경계가 분명하지 않아 조금 복잡합니다. 동해안에서 배를 타고 동쪽으로 계속 가면 미국 앞바다까지 이어지는데, 도대체 어디까지 선을 그어 우리 바다라고 할 수 있는 걸까요?

보통은 육지에서 12해리까지를 한 나라의 영해로 정합니다(1해리는 1,852m). 바다와 육지의 경계가 분명한 동해안 같은 곳은 썰물 때의 해안선을 기준으로 합니다. 남해안·서해안처럼 섬이 많고 해안선이 복잡한 곳은 바다로 튀어나온 육지 또는 가장 바깥에 자리 잡은 섬들을 연결한 선을 기준으로 삼고요. 일본이 걸핏하면 독도를 자기들 땅이라고 주장하는 이유를 알겠죠? 독도까지 이어지는 바다를 모두 자기 거라고 억지 부리려는 겁니다.

영해에서 더 나아가, 해안선을 기준으로 24해리 정도까지를 '접속수역'이라고 합니다. 영토와 영해를 관리하는 데 필요한 구역으로 인정해 주지요. 그리고 영해로부터 200해리까지의 바다를 '배타적 경제수역'이라고 하는데요, 여기에 맞닿아 있는 국가들은 어업 활동을 비롯한 해양 자원을 활용할 수 있는 경제적 권리를 가집니다.

서해수호의 날

3월 넷째 주 금요일

여기까지 개념이 잡히나요? 그렇다면 이제 한반도와 그 주변 지도를 한번 봅시다. 남쪽으로는 일본, 서쪽으로는 중국이 자리 잡고 있습니다. 각자 200해리씩 쓰기에는 서해와 동해의 바다가 너무 좁습니다. 겹치는 부분이 생길 수밖에 없죠. 그래서 싸움을 피하고자 중간 수역을 정해 공동으로 관리하고 사용하자고 약속을 맺었어요. 그런데도 중국 배들이 자꾸 이 약속을 어기고 우리의 배타적 경제수역으로 넘어와 문제를 일으키곤 합니다. 아마 뉴스에서 가끔 본 적 있을 거예요. 서해에는 꽃게를 비롯한 수산 자원이 풍부하거든요.

게다가 바다는 지도로 볼 때와 달리 경계를 분명히 정하기 어렵습니다. 육지처럼 산이나 강을 기준 삼아 나누거나 울타리를 치는 일이 불가능하죠. 고기떼를 쫓다가 선을 넘어왔다, 조류에 떠밀려 흘러 들어 왔다… 진짜 그랬을 수도 있고 핑계일 수도 있지만, 어쨌거나 거짓인지 참인지는 알기 어려워요. 애초에 충돌할 가능성이 큰 공간인 겁니다.

한반도 지도를 보면 천안함 사건이 발생했던 백령도와 포격전이 벌어졌던 연평도가 북한과 얼마나 가까운지 알 수 있어요. 정말 코앞이라고 해도 좋을 정도지요. 오히려 우리 땅인 인천, 강화도에서 한참 떨어져 있습니다. 황해도는 서해로 길쭉하게 뻗어 있어서, 그 해안선을 따라 북한이 영해와 접속수역을 주장하면 대한민국의 영해와 많이 겹칠 수밖에 없어요. 그래서 양쪽은 '북방한계선'이라는 바다 위 경계선을 설정해 놓았어요. 그러나 앞서 살펴본 바다의 지

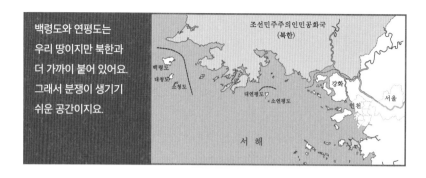

백령도와 연평도는 우리 땅이지만 북한과 더 가까이 붙어 있어요. 그래서 분쟁이 생기기 쉬운 공간이지요.

리적 특성 때문에 남북은 언제든지 충돌할 위험에 놓여 있죠.

여기서 잠깐, 뭔가 걸리는 거 없나요? 앞서 대한민국의 영토는 한반도와 부속 도서라고 헌법 제3조에 정해 놓았다고 했잖아요. 한반도가 전부 우리 땅이면 북한은 영토가 없다는 뜻일까요? 그런데 헌법 제4조에는 또 대한민국이 통일을 지향한다고 말하거든요. 북한에 영토가 없는데 어디랑 통일을 한다는 것인지, 이 두 조항은 얼핏 모순되게 읽힙니다. 이 모순은 애초에 북한의 지위가 이중적이기 때문에 비롯된 거라고 해석해요. 북한은 한반도 북쪽을 무단으로 점령하고 있는 반反국가 단체이면서 동시에 대화와 협력으로 평화적 통일을 함께 이루어 가야 할 동반자거든요. 복잡한 서해는 어쩌면 남과 북의 복잡한 관계 그 자체를 보여 주는 것 같습니다. 우리는 어쩌다 이런 상황에 놓인 걸까요?

3월 넷째 주 금요일 **서해수호의 날**

끝내지 못한 전쟁

1950년 6월 25일 새벽, 북한은 예고 없이 남쪽으로 밀려 들어 와 전쟁을 일으켰습니다. 갑작스러운 공격에 우리 국군은 불과 사흘 만에 서울을 빼앗기며 고전을 면치 못했지요. 다행히 미군이 지휘하던 유엔군이 참전하면서 전세는 뒤집혔습니다. 그렇게 남한의 승리로 끝날 줄 알았던 전쟁은 중국군이 끼어들면서 다시 접전이 벌어졌어요. 그러다가 1953년 7월 27일 판문점에서 '정전 협정'을 맺으면서 3년 1개월하고 이틀 동안 불탔던 전쟁은 긴 휴식에 들어갔어요.

이 전쟁은 과연 누구의 싸움이었던 걸까요? 한국전쟁이 터지자 유엔 회원국들은 각 나라의 안보 상황을 고려해 대한민국을 돕기 시작했습니다. 미국을 비롯한 16개 나라가 군대를 파병했지요. 덴마크가 병원선(의료 시설을 갖추고 돌아다니면서 병들거나 다친 사람을 치료하는 데에 쓰는 배)을 보낸 것을 시작으로 6개 국가는 의료 지원을 했습니다. 그러니까 22개 국가가 우리나라를 도운 것이죠. 북한도 혼자는 아니었습니다. 소련과 중국이 북한 편에서 참전했어요. 중국은 북한군보다도 많은 병사 130만 명을 한반도에 보냈고요. 북한에도 6개 국가가 의료 지원을 했어요. 그러니까 물자를 지원했던 나라들을 빼더라도 한국전쟁에는 무려 32개 국가가 참전했던 겁니다. 남과 북만의 싸움이 아니었던 거죠.

정전 협정은 유엔군 총사령관, 북한 최고사령관, 중국군 인민지

원군 사령관의 서명으로 이뤄졌습니다. 일반적으로 나라와 나라 사이 약속은 국가를 대표하는 대통령이나 총리가 하지만, 전쟁에 관한 협정이었기에 군 사령관들이 나섰던 겁니다. 근데 대한민국은 왜 없냐고요? 유엔군 중 한 국가일 뿐이었기에 자격이 없었습니다. 전쟁이 터진 직후였던 1950년 7월 14일 당시 이승만 대통령이 우리 국군에 대한 작전 지휘권(전쟁이 일어났을 때 군대를 통제할 권리)을 유엔군 사령관에게 넘겼거든요. 우리에겐 전쟁에 관해 결정할 권한이 없었던 겁니다. 증인 역할인 참석자 역시 북한군 대장과 유엔군 수석 대표의 몫이었습니다.

총성은 멈췄지만, 전쟁이 끝난 건 아니었어요. 남과 북의 상황을 상징적으로 보여 주는 장소로 비무장지대DMZ를 꼽을 수 있는데요, 군사적 충돌을 막기 위해 군사분계선(전쟁을 하던 두 나라가 휴전을 협정할 때 설정하는 군사 활동의 한계선)으로부터 각자 2km씩 비워 놓기로 한 공간입니다. 군인들이 총을 들고 철조망을 지키는 모습을 TV에서 아마 봤을 거예요. 지금도 그곳은 대한민국이 아닌 유엔 사령부가 관리하고 있습니다. 대한민국은 전쟁의 당사자가 아니었으니까요.

그뿐만 아니라 아직도 우리 군대를 우리가 독자적으로 지휘할 수 없습니다. 유엔군 사령관은 1978년 한미 연합 사령부가 만들어지면서 군에 대한 작전 통제권을 한미 연합 사령관에게 넘겼어요. 1994년에야 전시가 아닌 평시의 작전 통제권이 온전히 한국군에 돌아왔습니다. 전시 작전권은 주한미군 사령관이자 한미 연합 사령관을 맡는 미국 육군 대장에게 있습니다. 물론 전시 작전 통제권 역시 우리 국군이 돌려받아야 한다는 얘기는 꾸준히 있었습니다. 2012년에 그렇게 하기로 합의했던 적도 있고요. 하지만 천안함 피격 사건 같은 북한의 도발이 계속 이어지면서 미뤄졌습니다. 미군이 함께 지켜 줘야 안심할 수 있다는 목소리가 높아 우리끼리도 합의를 이뤄 내지 못했던 겁니다.

갈등의 바다를 평화의 바다로

얽히고설킨 이 상황을 어떻게 풀어야 할까요? 여러 방법이 있겠지만 처음으로 돌아가 보는 것은 어떨까 합니다. 어정쩡하게 멈춰 있는 전쟁을 시작부터 끝내는 거죠. 대한민국이 당사자가 아니었던 정전 협정 대신 아예 종전을 선언하는 겁니다. 많은 나라가 함께했던 전쟁이 끝나면 남과 북이 한반도의 온전한 주인공으로서 마주하는 거죠. 유엔 사령부가 담당하는 비무장지대 대신 다른 나라들처럼 남과 북을 오가는 국경을 만드는 겁니다. 위험은 있겠지만, 동시에 대화와 협력을 해야 할 상대이니까요.

물론 핵 실험을 비롯해 여전히 걱정은 있습니다. 공식적으로 한반도에 전쟁이 없어지면 정전 협정 당사자인 유엔군(미군)이 머물 명분이 없어진다며 걱정하는 목소리도 있고요. 하지만 이제 대한민국의 경제력과 국방력은 그런 걱정을 뛰어넘을 수 있습니다. 힘이

워낙 약했던 탓에 한국전쟁 때는 여러 나라의 도움을 받아야 했지만, 이제는 다르니까요. 미국과의 동맹 관계를 유지하는 일과는 별개로, 우리 국군은 더 이상 미군의 지휘를 받지 않아도 될 만큼 강합니다. 무엇보다 우리가 미국이나 북한, 중국의 종전 선언을 끌어낸다는 것은 곧 그들 역시 한반도가 평화로울 것이라는 믿음이 있다는 점을 증명하는 셈입니다. 주변국이 모두 평화로울 수 있는 튼튼한 기반을 쌓는 것이죠.

그런 출발을 하기 좋은 곳이 바로 다름 아닌 서해입니다. 연평도를 비롯한 서해 5도(북한과 인접한 5개의 섬)가 북한 땅 코앞이라고 했잖아요. 바다라서 경계가 어디인지 헷갈리기 쉽고요. 갈등의 공간이지만, 그렇기 때문에 더욱 평화의 바다로 바꿔야 합니다. 군사 충돌을 막아 민간인들이 함께 고기를 잡을 수 있게 하고, 강화도 한강 하구를 공동으로 개발해서 자연스레 경제적 협력으로 이어지게 하고요. 육로로는 개성을 오갈 수도 있습니다. 남과 북의 긴장이 낮아지면 국방에 필요한 비용이 줄어들 겁니다. 경제·사회·문화는 더욱 풍성해질 거고요. 젊은이가 군대에서 보내야 하는 시간도 줄어들겠죠.

파주 오두산 통일 전망대에 가본 적 있으면 알 겁니다. 마음의 거리와는 달리 북한은 정말 가까이에 있다는 걸요. 서해를 함께 나누면서 강을 잇고 육지를 잇는 겁니다. 그래서 다시는 우리 젊은이들이 희생하지 않도록 하는 일, 그것이야말로 서해 55 용사의 희생을 진정으로 기리는 길일 겁니다.

서해수호의 날
3월 넷째 주 금요일

시민'S 생각

전쟁을 끝내지 못한 채 휴전 상태에 머물고 있어서 겪는
불이익은 어떤 것들이 있을까요?

tip

#우리나라는 징병제 #막대한 국방 비용
#남북은 또 충돌할 수 있어

다른 나라는 어때?

세계의 전승 기념일

역사책을 몇 장만 넘겨 보면 쉽게 알 수 있습니다. 인류의 역사는 끊임없는 전쟁의 역사라는 걸요. 그래서 세계 각국은 전승 기념일, 즉 전쟁이 끝난 날을 많이 기념한답니다. 제2차 세계대전에서 연합국이 나치 독일을 물리친 '유럽 전승 기념일'이 대표적인데요, 어쩌면 이겼다는 사실보다 수많은 목숨을 빼앗아 간 전쟁의 공포에서 벗어났다는 기쁨이 더 크지 않았을까요?

이념 때문에 남북으로 나뉘어 서로에게 총구를 겨눴던 한국전쟁은 아직도 끝나지 않았습니다. 다시는 그런 아픔을 반복하지 않도록 종전 선언을 할 수 있다면 그날이야말로 가장 값진 승리의 날일 겁니다.

4월

April

3

4·3 희생자 추념일

공권력이 극단주의에 빠질 때

제주 4·3 사건은 1947년 3월 1일을 시작으로 정부와 뜻이 다른 국민을 공권력이 힘으로 억누르며 발생한 사건입니다. 1954년 9월 21일까지 무려 7년이 넘게 계속되었지요. 제주도 주민과 군인·경찰 사이에서 무력 충돌과 진압이 반복되면서 3만 명에 가까운 주민이 희생되었습니다.

국민의 생명과 재산을 지켜야 할 정부가 거꾸로 국민을 상대로 총칼을 휘두른 것인데요, 반성과 사과는 더디기만 했습니다. 2000년에 이르러서야 진상을 밝히고 희생자의 명예를 회복하는 특별법이 공포되었고, 2014년에 비로소 4월 3일을 국가기념일로 지정해 잊히지 않도록 했습니다.

제주, 슬픈 역사를 머금은 곳

눈부시게 푸른 바다, 맑은 하늘을 받치고 있는 한라산, 자연을 담은 먹거리까지 제주도는 많은 사람이 찾는 아름다운 관광지입니다. 그런데 혹시 '다크 투어리즘Dark Tourism'이라고 들어 본 적 있나요? 자연재해나 역사적으로 비극적인 사건이 일어났던 곳을 찾아가 체험함으로써 과거를 반성하고 같은 역사를 반복하지 않도록 교훈을 얻는 여행을 가리키는 말입니다. 제주도는 다크 투어리즘의 섬이기도 합니다.

제주 4·3 사건이 일어났던 7년 동안 공식적으로 집계된 희생자는 1만 4,000여 명입니다. 물론 이것은 어디까지나 공식적인 숫자

일 뿐 실제 인명 피해는 약 2만 5,000명에서 3만 명에 이른다고 합니다. 당시 제주도에 살았던 10명 중 1명 이상이 목숨을 잃은 셈이지요. 집 4만여 채가 불에 탔고, 산간 지역의 살림살이들은 폐허로 변했습니다. 학교나 면사무소 같은 공공시설조차 모조리 파괴되었지요.

제주도에는 바다의 침식 작용과 화산 폭발에 따른 용암 때문에 생긴 여러 형태의 천연 동굴이 많습니다. 아름다운 관광 명소지요. 사건 당시 주민들은 화를 피하고자 동굴로 피신하기도 했습니다. 1992년 유골 11구를 발견한 다랑쉬굴도 그런 곳이었습니다. 주변을 수색하던 토벌대가 굴을 발견했고, 숨어 있는 사람들을 밖으로 끌어내려 했죠. 겁에 질려 끝까지 나가지 않자 토벌대는 굴 입구에 불을 질러 연기를 불어 넣었습니다. 주민들은 연기에 질식해 고통스럽게 죽었어요. 그중에는 9살 어린이도 포함되어 있었습니다. 제주도 곳

제주 구좌읍에 있는 다랑쉬굴에서 발굴된 유해의 모습이에요. 죄 없는 주민들을 상대로 얼마나 무분별한 학살이 이루어졌는지 잘 드러나고 있지요.

4·3 희생자 추념일
4월 3일

곳에 있는 동굴들이 그러한 죽음의 기억을 품고 있습니다.

토벌대에게 죽임을 당한 후 시신조차 가족들 품으로 돌아가지 못한 희생자도 수없이 많습니다. 제주도를 찾는 많은 관광객이 거치는 관문인 제주 공항. 2007년부터 그 주변에서도 희생자들의 유해가 발굴되었습니다. 사건 당시 제주 북부 지역에서 민간인 800여 명을 학살하고 암매장했다는 증거가 50년이 지나서야 드러난 것이죠. 제주시 봉개동에 있는 제주 4·3 평화공원은 희생자들을 기리기 위한 공간으로 만들어졌습니다. 기념관과 위령 제단, 위령탑, 봉안관, 시신조차 수습하지 못했던 희생자 묘역 등이 마련되어 있지요. 왜 그런 끔찍한 일이 제주도 곳곳에서 벌어졌는지, 그 상처를 극복하기 위해 어떤 과정을 거쳤는지 알리고 있습니다.

'다르다'와 '틀리다'

흔히 잘못 사용하는 단어 중 '다르다'와 '틀리다'가 있습니다. 거의 같아 보이는 왼쪽과 오른쪽 그림에서 다른 부분을 찾는 놀이를 틀린 그림 찾기라고 부르잖아요. 사실 틀린 그림 찾기는 '틀린' 표현입니다. 다른 그림 찾기가 맞는 표현이죠. 서로가 다르다는 이유로 어느 한쪽이 틀린 것은 아니기 때문이에요. 그런데 서로 다를 뿐인데 틀렸다고 하면서 부딪히는 바람에 일어난 끔찍한 일이 바로 제주 4·3 사건입니다.

제주 4·3 평화공원에 있는 행방불명 희생자 위령비입니다. 비석 뒤쪽에는 희생자가 태어난 날짜와 행방불명된 날짜가 함께 새겨져 있어요.

제주도의 비극을 이해하기 위해서는 당시 시대 상황을 먼저 알아야 합니다. 한반도는 1945년 8월 15일 일제 강점기에서 벗어납니다. 35년 만에 되찾은 땅에서 우리 스스로 나라를 만들 희망에 부풀었지요. 그런데 문제가 있었습니다. 일본 패망은 우리 힘으로 해낸 일이 아니었어요. 미국과 소련이 일본군의 무장을 해제해야 한다면서 38도선을 경계로 한반도를 반으로 나누어 각각 점령해 버렸습니다. 외국 세력에게서 벗어나 이 땅에 완전한 독립 국가를 만들기 위해 우리는 우선 총선을 치르려고 했습니다. 국회의원을 뽑아 헌법을

4·3 희생자 추념일
4월 3일

만들고, 그에 따라 정부를 구성하려 했죠. 왕이 다스리던 조선시대와 일본의 식민지 시대를 거쳐 이제는 국민 스스로 자신을 대표할 사람을 뽑는 역사적인 일이었습니다.

문제는 북한이 이를 거부했다는 겁니다. 소련의 영향 아래 있던 북한은 이미 사회주의를 받아들였던 거예요. 이를 두고 남한의 정치 지도자들은 여러 목소리를 내며 다투다가 결국 가능한 지역, 그러니까 남쪽에서만 우선 총선을 치르기로 했어요. 여전히 반대하는 목소리도 높았죠. 일본에 35년이나 약탈을 당했었잖아요. 이념과 상관없이 어떻게든 하나의 나라를 만들어야 한다고 생각했던 사람들이 많았습니다. 그때까지는 북한이 전쟁까지 일으키리라고는 상상하지 못했거든요. 독립투사이자 민족 지도자였던 김구가 하나의 정부를 지지하는 대표적인 인물이었습니다. 그렇게 다른 생각을 하는 사람들이 서로를 틀렸다고 여기면서 불행은 시작되었어요.

공권력에 반대하면 무조건 적?

그 무렵의 제주도로 한번 가보겠습니다. 1947년 3월 1일 제주도에서는 해방 후 두 번째 맞이하는 삼일절 기념행사가 열렸습니다. 그때는 미군정 시대(군대가 행하는 임시 행정)였는데요, 행사를 주도하는 사람들은 주민들끼리의 자치를 강조하는 쪽이었습니다. 미군정과 그에 동조하는 사람들은 이를 탐탁지 않게 여겼고요. 물론 보통

미군정 기마경찰의 모습이에요. 정부와 미군정은
공권력을 사용해 제주도를 심하게 탄압했어요.
4·3 사건 이후로도 제주도민들은 수십 년간
차별과 낙인 속에 살아야 했지요.

사람들에게 그런 대립은 중요하지
않았을 겁니다. 누가 주도하는지와 상
관없이 삼일절 기념행사에는 많은 제주도
민이 참가했고요.

그런데 행사를 마칠 무렵, 기마경찰의 말발굽에 어린아이가 치
여 다치는 사고가 났습니다. 아이를 치고도 별다른 조치 없이 그냥
떠나려는 경찰을 향해 흥분한 군중이 돌을 던지며 항의했는데, 경찰
은 총격으로 이에 맞섰습니다. 눈 깜짝할 사이에 민간인 6명이 총에
맞아 죽었어요. 그중에는 초등학생과 젖먹이를 안은 여성도 있었습
니다.

미군정과 경찰 지도부는 행사를 벌인 쪽을 탓하며 사태를 수습
하지 않았습니다. 결국 제주도민은 물론 제주도청을 비롯한 관공서
직원과 교사, 현직 경찰관까지 파업하며 항의하기에 이르렀습니다.
공무원, 경찰이 함께할 정도면 그들의 목소리에 귀를 기울일 법도
한데 현실은 그렇지 않았습니다. 미군정은 오히려 육지에 있는 경찰
들까지 불러들여 더욱 강경하게 대응했지요. 상황은 걷잡을 수 없는

4·3 희생자 추념일
4월 3일

지경에 이르렀습니다. 가혹한 탄압에 시달리던 많은 제주도민은 미군정을 원망하게 되었고요.

이러한 상황 속에서 미국과 이승만은 남한만의 단독 선거를 하겠다고 발표합니다. 앞서 말했던 것처럼 환영하는 사람도 있고 반대하는 사람도 있었습니다. 그런데 이미 공권력과 주민들이 격렬하게 대립 중이던 제주도에서는 정부에 반대하는 움직임이 극단으로 치달았습니다. 소중한 내 나라가 남과 북으로 갈라지는 상황을 제주도민은 받아들일 수 없었던 거죠. 1948년 4월 3일, 350명으로 추산되는 무장 세력이 제주도 경찰서를 습격했습니다. 이 사건으로 경찰 4명과 민간인 8명이 사망했고요. 이때부터 제주도민들의 본격적인 선거 거부 운동과 이를 응징하는 가혹한 토벌이 이어졌습니다.

총성이 그치지 않던 제주와 달리 다른 지역에서는 1948년 5월 10일 총선이 치러졌습니다. 선출된 국회의원들이 헌법을 만들고 대통령도 뽑았지요. 지금과 달리 그때는 국회에서 간접 선거로 대통령을 정했거든요. 드디어 8월 15일 대한민국 정부가 공식적으로 출범했습니다. 국민 모두를 대표하는 대통령이 생겼고, 나랏일을 챙길 정부가 꾸려진 만큼 제주도의 갈등을 치유할 수 있었으면 좋았을 텐데, 초대 대통령 이승만은 제주도를 품지 않았습니다. 선거에 반대했으니 북한과 한패라고 보았던 거죠. 그는 가혹한 탄압을 지시했습니다. 행정과 사법을 군대에 맡기는 계엄령을 내렸지요. 그리고 같은 해 10월 말 초토화 작전을 펼치면서, 7년간의 제주 4·3 사건 중 가장 많은 희생자를 만들었습니다.

토벌대는 한라산에 무장 세력을 고립시키는 작전을 펼쳤는데요, 이를 위해 한라산 부근에 사는 주민을 모두 내쫓았습니다. 명령에 따르지 않거나 가족 중 1명만 사라져도 나머지 가족들까지 의심스럽다며 사형에 처하기도 했고요. 1950년 한국전쟁이 터진 이후에는 수감 중이던 사건 관련자들을 재판 없이 처형했습니다. 북한 편을 들지도 모른다는 막연한 이유였지요. 300명가량의 무장 세력을 진압하겠다고 3만 명에 가까운 무고한 목숨을 빼앗은 겁니다. 전쟁이 끝나고 1954년 한라산이 다시 개방될 때까지 그렇게 제주도는 슬픈 피로 물들었습니다.

민주주의는 시끄러워야 하는 것

친구들끼리 뭐 먹을지 정할 때도 다양한 의견이 나오기 마련입니다. 하물며 나라를 새로 만들어 나가는 일은 오죽했을까요. 해방을 맞은 한반도에는 시끄럽다는 말로 부족할 만큼 많은 목소리가 나왔습니다. 그중에는 북한이 선택했던 사회주의를 따르는 사람도 있었는데요, 제주도에도 사회주의를 옹호하는 사람들이 있었어요. 미군정과 권력자들은 그들을 빨갱이라고 부르며 북한과 내통하는 것처럼 몰아세웠어요. 사회주의라는 사상과 그걸 핑계로 전쟁까지 일으켰던 김일성이라는 독재자를 구별하지 않았던 겁니다.

4·3 희생자 추념일
4월 3일

한편 소련을 등에 업고 북한을 차지한 김일성은 자신의 권력에 반대하는 사람들을 탄압했습니다. 북쪽의 많은 젊은이가 자유를 찾아 남쪽으로 피신했죠. 자연스레 북한이라면 치를 떨게 되었고요. 당시 정부는 그런 젊은이들을 제주도 토벌대로 동원했습니다. 빨갱이를 잡는 일이라며 개인적인 복수심을 부추겼던 겁니다. 제주도에서 벌어졌던 잔혹한 일의 뒷면에는 국민의 감정을 이용한 권력자들이 있었던 거예요.

게다가 그런 일은 제주 4·3 사건에만 그치지 않았습니다. 그 후로도 오랫동안 권력자에게 반대하는 사람을 무턱대고 빨갱이로 몰아세우는 일들이 이어졌습니다. 북한은 물론 사회주의와 관계없는 사람들마저도 그런 식으로 탄압했어요. 정부와 다른 목소리를 내거나 심지어 북한과의 대화를 주장하기만 해도 그랬습니다. 이 같은 어두운 그림자는 지금까지도 대한민국 한구석에 자리 잡고 있습니다. 50년 가까운 세월이 흐르고 나서야 제주의 진실이 드러날 수 있었던 까닭입니다.

민주주의는 여럿인 국민이 주인이라는 뜻입니다. 서로 다른 목소리를 인정하되, 그중 가장 많은 사람이 공감하는 길을 가자는 것입니다. 헌법이 양심과 사상의 자유를 보장하고(제19조), 언론·출판의 자유와 집회·결사의 자유(제21조 제1항)를 보장하는 것은 시끄럽게 떠들어 달라는 것입니다. 다양한 생각이 쏟아져 나와야 국가가 올바른 방향으로 갈 수 있다고 믿기 때문입니다. 자기만 옳다는 극단적인 공권력을 인정하지 않겠다는 것입니다. 그렇기 때문에 제주 4·3 사건을 똑바로 알아야 합니다. 권력을 함부로 휘두르고, 국민을 갈라 서로 미워하게 만드는 일이 반복되지 않도록 말입니다.

4·3 희생자 추념일

4월 3일

국민이 다양한 생각을 갖고 자유롭게 의견을 주고받는 걸 막으면 어떤 일이 벌어질까요?

tip

#소수의 독재 #극단주의에 빠져 #다양성이 사라져
#양심과 사상의 자유 필요해

다른 나라는 어때?

국제 홀로코스트 희생자 추모의 날

나치 독일에 의해 많게는 600만 명이 희생당한 유대인을 추모하는 날입니다. 아우슈비츠 강제 수용소에 수감된 죄수들이 해방된 1월 27일을 기념일로 정한 것입니다.

나치를 이끌었던 히틀러는 독일이 겪고 있던 경제적·사회적 어려움을 모두 유대인의 탓으로 돌렸습니다. 국민들의 분노를 유대인에게 향하게 해 희생양으로 만들었고, 그 대가로 권력을 독점했던 겁니다. 그것도 부족해 제2차 세계대전을 일으켜 유럽을 불타게 했죠. 독일인들은 그런 과거에 큰 죄의식을 느끼고 정부 차원의 사과와 많은 보상 정책을 폈습니다. 국가에 의한 폭력이 반복되는 걸 막기 위해 아우슈비츠는 박물관으로 보존되었고, 독일 곳곳에는 기념관과 추모 공원이 만들어졌어요.

4월

April

16

국민안전의 날

국가가 국민을 지키지 못하면

2014년 4월 16일이었습니다. 인천에서 제주도로 향했던 여객선 세월호가 진도 근처의 바다에서 가라앉았습니다. 배를 책임져야 했던 선장과 선원들은 도망쳤고, 구조 작업에 나섰던 해양경찰은 소극적이었습니다. 대통령은 7시간 동안 모습을 드러내지 않았고요. 수학여행을 가던 학생들을 비롯한 승객 304명이 차가운 바닷물에 목숨을 잃었습니다.

끔찍한 참사가 반복되는 것을 막기 위해 국가는 제도를 보완해야 했습니다. 국민 생명, 신체 안전, 재산 보호와 관련된 행위를 할 때 안전을 최우선으로 여길 수 있도록 법을 만들었고, 4월 16일을 국가기념일로 지정했습니다.

세월이 막지 못한 비극

1816년 7월 2일 프랑스에서 세네갈로 향하던 메두사호가 아프리카 서부 해안에서 좌초했습니다. 경험이 부족했던 선장이 짐과 승객을 무리하게 싣고 항해에 나선 탓이었습니다. 승객 400여 명을 실은 배는 바닥에 구멍이 뚫려 서서히 가라앉기 시작했습니다. 선장과 선원들은 부족한 구명보트 대신 뗏목을 만들어 승객들이 옮겨 타도록 했죠. 그들은 구명보트에 뗏목을 매달아 육지까지 끌고 가겠다고 약속했어요. 그런데 거짓말이었습니다. 얼마 지나지 않아 그들은 승객들을 버리고 도망가 버렸습니다. 뗏목은 뜨거운 햇살과 차가운 밤공기 사이에 갇힌 채 속절없이 바다를 떠돌았습니다. 물도 식량도 없이 보름을 버티다 기적적으로 살아남은 이들은 150명 중 불과 10여 명에 그쳤습니다.

이 사실을 알게 된 프랑스의 화가 테오도르 제리코는 참을 수 없는 분노에 사로잡혔습니다. 많은 사람에게 이 비극을 알려야겠다고 마음먹었죠. 있었던 일 그대로를 그리려고 했습니다. 생존자들을 만

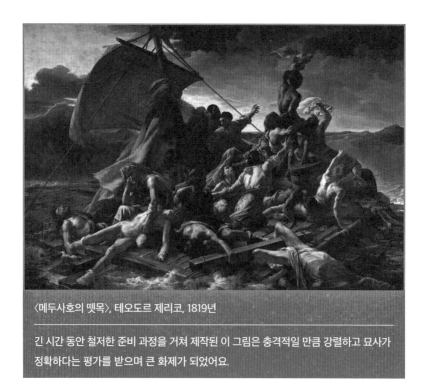

〈메두사호의 뗏목〉, 테오도르 제리코, 1819년

긴 시간 동안 철저한 준비 과정을 거쳐 제작된 이 그림은 충격적일 만큼 강렬하고 묘사가
정확하다는 평가를 받으며 큰 화제가 되었어요.

국민안전의 날
4월 16일

나고, 병원에서 시신을 연구하고, 심지어 실제 크기의 모형 뗏목까지 만들어 가며 메두사호의 뗏목에서 벌어졌던 일을 생생하게 그림으로 옮겼습니다. 다 죽고 얼마 남지 않은 사람들이 극적으로 구조선을 발견하는 마지막 순간이었습니다. 공개된 작품을 두 눈으로 본 사람들은 큰 충격을 받았어요. 이러한 일이 다시는 일어나지 않아야 한다는 화가의 진심이 당시 프랑스 사회에 큰 파장을 일으켰습니다.

200년 전 프랑스 화가의 바람이 우리에게 닿기에는 너무 오랜 세월이 흘러 버린 탓일까요? 2014년 대한민국은 세월호의 비극을 막지 못했습니다. 크게 달라진 점이라면, 모든 국민이 세월호의 침몰을 실시간으로 직접 볼 수 있었다는 점이네요. 과학기술이 발달한 덕분에 제리코 같은 화가의 수고가 필요 없었습니다. 헬리콥터에 실린 방송국 카메라는 시퍼런 바닷속으로 가라앉는 세월호를 시시각각 생생하게 비췄습니다. 수학여행길에 들떠 있었을 아이들이, 300명이 넘는 어린 생명이 뒤집힌 배에 갇힌 채 서서히 깊은 바다로 빠져드는 모습을, 우리는 속절없이 보고만 있어야 했습니다.

세월호는 너무 낡아 일본에서는 더 이상 운항할 수 없게 된 배를 사 와서 개조한 것이었습니다. 그런 배에 차량 150대를 싣고 선장과 승무원, 승객까지 약 470명을 태웠죠. 인천항을 떠나 제주도로 향하던 중 진도 근처에서 배가 기울기 시작했습니다. 갑작스레 침몰한 것은 아니었기 때문에 승객들이 탈출할 시간은 있었어요. 하지만 다른 지시 없이 가만히 있으라는 안내 방송만 계속 나왔어요. 믿고 기다리는 사이 배는 더욱 기울었고, 마침내 완전히 옆으로 누워 객실에 있던 사람들은 그대로 배 안에 갇히고 말았습니다. 승객들을 안심시켜 놓고 선장과 몇몇 선원은 탈출했고요. 무서울 정도로 메두사호 사건과 판박이였습니다.

대한민국은 그날 어디에?

여러분, '선한 사마리아인 법'에 대해 들어 본 적 있나요? 성경에 나오는 일화인데요, 어떤 사람이 길을 가다 강도를 만나 가진 것을 모두 빼앗긴 데다 몸까지 심하게 다쳤답니다. 그렇게 길가에 쓰러져 있는데, 사람들은 보고도 다들 그냥 지나쳐 갔다네요. 그런데 당시 사회에서 천대받는 계층이었던 사마리아 사람은 그러지 않았다는 겁니다. 그는 다친 사람의 상처를 치료하고 안전한 곳으로 옮길 수 있도록 도왔습니다.

이 이야기에 빗대어 '도움을 주지 않았던 다른 사람들을 벌주도록 한 것'이 선한 사마리아인 법입니다. 만약 쓰러져 있던 사람이 끝내 아무런 도움을 받지 못해 죽기라도 했다면, 모른 척했던 사람들에게도 어느 정도 책임이 있다고 보는 것이죠.

다시 그날, 4월 16일의 진도 앞바다로 돌아가 봅시다. 세월호의 비극에 누가 어떤 책임을 져야 할까요? 배를 맡았던 선장과 선원들은 분명히 용서받지 못할 죄를 지었습니다. 심지어 그들은 그저 지

국민안전의 날
4월 16일

나가던 길에 쓰러져 있는 누군가를 발견한 것이 아니었습니다. 배에 타고 있는 승객들의 안전을 책임져야 할 의무가 있는 사람들이었습니다. 가정에서는 부모가 어린 자녀에 대해, 학교에서는 교사가 학생에 대해, 위험한 여행지에서는 가이드가 관광객에 대해 위험한 일이 발생하지 않도록 해야 하는 것처럼 말입니다.

선장과 선원들은 수사받고 재판에 넘겨졌는데요, 법정에서는 당시 촬영된 영상들이 공개되었습니다. 배가 기울기 시작하자 어디선가 속옷 차림으로 나타나 해양 경찰의 구조선에 오르던 선장, 그를 따르던 선원들의 모습이 영상에 담겨 있었죠. 같은 시각 아무것도 모른 채 서로 웃으며 장난치는 학생들의 얼굴도 볼 수 있었습니다. 상황이 심각해지자 가만히 있으라고 말하던 안내 방송은 뒤늦게 구명동의를 입으라는 말로 바뀌었습니다. 그러나 선장이 도망가 버렸으니 더는 도움을 받을 수 없었습니다. 선장은 '부작위(마땅히 해야 할 일을 일부러 하지 않았다는 뜻의 법률 용어)에 의한 살인죄'로 무기 징역형을 받았습니다. 마땅히 해야 할 일을 하지 않았기에 법적

진도 팽목항에는 〈세월호 기억의 벽〉이 있어요. 가족과 친구들이 희생자에게 전하고 싶은 말이 이곳에 새겨져 있지요.

으로는 직접 사람을 해친 것과 같다고 본 겁니다. 다른 선원들은 각자의 잘못에 맞는 벌을 받았습니다.

책임을 져야 할 사람들이 과연 그들뿐이었을까요? 수많은 생명을 잃은 참사였습니다. 돈을 내고 배에 탄 승객들과 목적지까지 안전하게 운항해야 할 선장과 선원들, 개인 간의 문제라고 볼 수 없습니다. 국가와 정부는 왜 존재하는지 생각해 봐야 합니다. 법 없이 혼자 마음대로 사는 대신 많은 사람이 모여 사회와 국가를 이루고 사는 이유, 열심히 일해서 번 돈으로 세금을 내서 정부를 꾸리고 군대와 경찰을 유지하는 이유 말입니다.

이것에 관해 역사적으로 많은 지식인이 다양한 사상을 내놓았습니다. 대표적으로 영국의 철학자 토머스 홉스는 자유만 보장했다가는 만인 대 만인이 싸우느라 힘든 세상이 되기 때문에 국가와 제도가 필요하다고 말했습니다. 자유를 일부 포기하더라도 생명과 신체, 재산을 보호해 줄 장치가 필요하다는 거죠. 그런 역할을 못 하는 국가 또는 정부라면 존재할 이유가 없는 겁니다. 그날, 그 바다에 국민의 생명을 지켜야 할 의무를 진 대한민국은 어디 있었을까요?

가장 가까이로는 현장에 출동했던 해양 경찰의 배가 있었습니다. 어처구니없게도 그 배의 선장 역시 제 역할을 하지 못했습니다. 세월호에 몇 명이나 남았는지 확인하고 탈출할 수 있도록 도왔어야 했는데 아무런 조치를 하지 않았던 겁니다. 현장에 있었던 그는 재판에서 처벌을 받았습니다.

국민안전의 날
4월 16일

그를 통해 상황을 파악하고 구조 작업을 지휘했어야 할 해양 경찰 지휘부는 어땠을까요? 역시나 제 역할을 못 했습니다. 대한민국 군대, 해양 경찰이 가진 수많은 배, 헬리콥터 모두 멈춰 있었습니다. 당시 정부를 맡고 있었던 대통령과 장관들 역시 우왕좌왕하기만 했기 때문이죠. 그런데도 그들은 법적으로 책임을 지지 않았습니다. 멀리 떨어져 있었기에 할 수 없는 일이 없었다는 겁니다. 그저 어쩔 수 없었다는 겁니다.

멈추지 않았던 국민

처벌을 벗어난 것에 그치지 않았습니다. 정치적·도의적 책임마저 저버리려고 했습니다. 적반하장이라고 하죠. 더 이상 뭘 어떻게 할 수 있었겠느냐며 오히려 큰소리를 쳤습니다. 일부 정치인들은 경제적 배상을 끝으로 세월호는 잊자는 식으로까지 나왔습니다. 아이들이 돌아오기만을 바라는 부모들을 이기적인 사람으로 몰아붙였습니다. 그들은 희생자를 찾는 일은 물론 침몰 원인을 밝히는 일에도 소극적이었습니다. 오히려 방해되기도 했죠. 잘못된 부추김에 흔들리는 사람들도 적지 않았습니다.

그 때문이었을까요? 국가 차원의 세월호 진상 규명은 쉽게 이뤄지지 않았습니다. 2014년 검찰과 경찰이 합동 수사본부를 꾸렸고, 국회는 국정 조사에 나섰습니다. 해양 안전 심판원의 특별 조사와 감사원의 감사가 이어졌고, 세월호가 인양되었던 2017년엔 선체 조사위원회, 다시 2018년에는 사회적참사 특별조사위원회가 조사에 나섰습니다. 모두 8개 기구가 활동했습니다. 언뜻 대한민국의 모든 역량을 쏟았던 것처럼 보입니다. 하지만 결론은 충분하지 못했습니다. 여러 가지 이유가 있겠지만 무엇보다 사고가 일어났을 당시, 그리고 그 이후 국가가 제 역할을 못 하는 오랜 기간 많은 진실이 바닷속에 가라앉았기 때문이죠.

멈추지 않았던 것은 국민이었습니다. 처음부터 그랬습니다. TV 화면에서 세월호를 보고는 앞다퉈 침몰 수역에서 가까운 진도군 팽목항으로 모여들었습니다. 생존자 절반 이상을 해양 경찰이 아니라 어선을 비롯한 민간 선박이 구조했습니다. 아무런 법적 의무를 지지 않았던 민간 잠수사들이 목숨을 걸고 차가운 바닷속으로 뛰어들었습니다. 유가족들이 기다림에 지치지 않도록 많은 사람이 지원을 아

정부와 군대뿐만 아니라 민간 잠수사들도 높은 파도와 강한 조류를 극복해 가며 한 사람이라도 더 살리고자 구조 작전을 펼쳤습니다.

끼지 않았습니다. 모두가 선한 사마리아인이었던 겁니다. 그런 국민 덕분에 그래도 세월호가 잊히지 않고 있는 것입니다.

〈헌법 제1조〉
② 대한민국의 주권은 국민에게 있고, 모든 권력은 국민으로부터 나온다.

대한민국의 주권은 국민에게 있고, 모든 권력은 국민에게서 나옵니다. 세월호 참사는 국민이 믿고 맡긴 권력을 국가와 정부가 바다에 빠뜨린 사건입니다. 대한민국은 2014년 4월 16일 침몰했다가 다시 국민에 의해 건져 올려졌습니다. 국민안전의 날은 4월 16일 뿐만 아니라 1년 365일 모든 날이어야 합니다. 이 나라의 주인인 국민 스스로 잊지 말자고 다짐하는 날이어야겠죠.

개인이나 국가, 정부 기관이 마땅히 해야 할 일을 하지
않을 때 누가 어떤 책임을 져야 할까요?

tip

#선한 사마리아인 법을 생각해 #국가는 왜 존재하지
#권력은 국민에게서 나와

다른 나라는 어때?

후쿠시마 원자력 발전소 사고

2011년 3월 11일 태평양 해역의 지진과 쓰나미 때문에 일본 후쿠시마 원자력
발전소의 원자로에서 누출 사고가 발생했습니다. 방사성 물질이 공기 중으로 퍼졌
고, 방사능 오염수는 빗물과 지하수를 타고 태평양으로 흘러들었어요. 사고 지역
반경 20km에 걸쳐 8만 8,000명이나 되는 주민이 삶의 터전을 잃었습니다.

일본 정부와 국회, 원자력 발전소를 운영했던 도쿄전력은 전문가들로 이뤄진
사고조사위원회를 꾸려 원인과 책임 규명에 나섰습니다. 하지만 제대로 밝혀낸 것
이 없었죠. 두루뭉술하게 잘못을 지적하기는 했지만, 구체적인 내용은 빠져 있었습
니다. 제대로 된 현장 조사도 못 했고요. 당연히 사고를 반복하지 않으려는 조치도
이뤄지지 않았습니다.

대신 일본 정부는 사고 흔적을 지우기에 바빴습니다. 원전은 안전하고, 후쿠시
마 지역에서 자라난 농산물도 먹을 수 있다고 홍보했습니다. 일부 주민들이 정부의
책임을 물어 손해배상 소송을 제기했지만, 재판은 제대로 진행되지 않았습니다. 사

국민안전의 날
4월 16일

고 뒷처리를 제대로 하지 않은 채로 다시 부흥을 이루겠다며 올림픽까지 개최했습니다. 그런 와중에 오염수를 태평양에 버리겠다고 해서 국제적인 비난을 샀고요. 한때 세계 2위의 경제 대국이었던 일본이 지금 어려움을 겪게 된 원인이 바로 이러한 정부의 태도에 있는 게 아닐까요?

4월
April

19

4·19 혁명 기념일

우리 사회의 독재자를 알아보는 법

4·19 혁명은 1960년 4월 19일 불의의 독재 권력에 저항해 선거 무효와 재선거를 주장하며 학생들이 중심이 되어 일으킨 항거입니다. 당시 이승만 대통령과 자유당이 장기 집권을 위해 선거 결과를 조작했거든요. 국민은 이를 용납하지 않았고, 전국적으로 목숨을 건 반대 운동을 벌여 이승만이 대통령직에서 물러나도록 했습니다.

선거 당일부터 바로 전국적으로 부정 선거를 규탄하는 시위가 일어나기 시작했는데요, 반성하지 않았던 정부는 오히려 무차별 진압에 나섰습니다. 그 와중에 마산에서는 경찰이 쏜 최루탄에 맞아 고등학생이 사망하는 일까지 벌어졌고요. 국민의 분노가 폭발했고, 혁명으로 이어졌습니다. 앞으로 다시는 독재가 등장하지 못하게 하려면 국민이 직접 민주주의를 지켜냈던 이날의 정신을 반드시 기억해야 합니다.

민주주의는 거저 주어지지 않는다

최초의 민주주의는 기원전 5세기 무렵 고대 그리스에서 시작되었습니다. 그리스의 도시 국가 아테네는 법 만드는 일을 비롯해 나라 운영에 필요한 결정을 유권자들의 직접 투표로 정했습니다. 지금의 선거처럼 사람을 뽑는 투표도 있었는데요, 도자기 조각에 후보자의 이름을 적어 내는 방식이어서 도편(도자기의 깨어진 작은 조각) 투표라고 불렀습니다. 오늘날의 선거와 결정적인 차이점은, 누군가를 뽑기 위한 투표가 아니라 쫓아내기 위한 투표였다는 점입니다.

새해가 밝으면 아테네 시민들은 그해에 도편 투표를 할지 말지 정하는 회의를 했습니다. 하기로 정하면 그때부터 두 달 동안 일종의 선거 운동 기간을 가졌고요. 사람들은 아고라(시민들의 일상생활이 이루어지던 고대 그리스의 광장)에 모여 후보자들을 두고 각종 토론을 벌였습니다. 민주주의를 위협하는 독재자가 될 가능성이 있는지 없는지에 관해 주장과 반론이 오갔죠. 투표 날엔 각자 쫓아내고 싶은 후보자의 이름을 도자기 조각에 적어 아고라에서 투표했습니다.

어떤 인물이 위험한지 아닌지에 대해 정해진 기준은 없었습니다. 심지어 인기가 너무 많다는 이유로 위험인물이 되기도 했지요. 투표를 통해 추방이 결정된 사람은 10년 동안 아테네를 떠나 있어야 했고, 변명은 허락되지 않았습니다. 그날부터 10일 이내에 무조건 아테네를 떠나야 했죠. 추방을 거부하거나 특별한 사유 없이 몰래 돌아오면 사형에 처했습니다. 대신 죄를 지어 쫓겨나는 것은 아니었기 때문에 아테네 시민으로서의 권리와 재산은 모두 보장받을 수 있었습니다.

아테네 사람들은 왜 이런 제도를 만들었을까요? 법과 제도를 뛰어넘는 권위주의적인 지도자가 나타나는 것을 막기 위해서였습니다. 한마디로 독재의 예방책이었죠. 안타깝게도 도편 투표는 이후 정치적 반대파를 제거하는 수단으로 변질하고 맙니다. 오히려 독재를 부추길 수 있다는 사실을 깨달은 아테네 시민들은 도편 투표를 폐지했습니다. 민주주의는 제도만 만들어 놓으면 자동으로 이루어지는 것이 아닙니다. 지키기 위해 모두가 계속 노력해야 하지요.

모든 권력은 국민으로부터

민주주의의 뿌리를 고대 그리스에서 찾는 바람에 흔히 하는 오해가 있습니다. 마치 그때부터 지금까지 민주주의가 멈추지 않고 쭉 발전해 왔다고 여기는 것인데요, 이것은 사실이 아닙니다. 2,500년도 더 전에 고작 200년 남짓 이어졌던 아테네의 민주주의는 그 이후 역사에서 내내 지워졌습니다. 동서를 막론하고 황제·왕·귀족에 의한 정치가 계속되었죠. 18세기 말 프랑스 혁명 때까지 말입니다.

프랑스 왕 루이 14세의 "짐이 곧 국가다"라는 말, 들어 봤을 거예요. 실제로 그는 이 말을 하지 않았다고 하지만, 72년이라는 긴 시간 동안 왕위에 머물렀던 그의 위상을 잘 드러내는 문장이 아닐 수 없습니다. 당시 왕들은 신으로부터 권력을 받았다는 왕권신수설을 내세우며 절대 권력을 휘둘렀습니다. 어떤 견제도 받지 않고 국민의 눈치도 살피지 않았으니 나라가 제대로 돌아갔을 리 없죠. 프랑스는 18세기 이후만 따져도 여섯 번이나 전쟁에 참여했고, 그 때문에 루이 14세 말년에 국가 재정은 큰 위기에 빠졌습니다.

한편 당시 유럽은 전통적인 농업에서 벗어나 공업과 무역이 발전하던 시기였습니다. 산업이 다양해지자 사람들의 의식 수준도 달라지기 시작했죠. 귀족이 빌려준 땅에서 농사를 지어 세금을 내고, 남는 곡식으로 생계를 겨우 이어가는 단순한 구조에서 벗어나게 된 영향이 컸습니다. 그런데도 왕과 귀족은 어려워진 나라 살림을 극복한답시고 농민을 더욱 착취했어요. 전체 인구의 2% 정도였던 귀족과 성직자는 전체 토지의 40%를 차지하고 있으면서도 세금은 내지 않았

〈민중을 이끄는 자유〉, 외젠 들라크루아, 1830년

프랑스 혁명을 기념하는 그림입니다. 그림 가운데 여성은 자유를 상징하며 한 손에는 프랑스 국기, 다른 한 손에는 총검을 휘두르고 있네요.

4·19 혁명 기념일

4월 19일

죠. 절대다수인 98%를 차지하던 평민들의 부담만 무거웠던 겁니다.

평민이 정치에 참여하는 방법이 있긴 했지만, 그저 형식에 불과했습니다. 한 가지 사례를 들어 보겠습니다. 어려워진 국가 재정을 극복하기 위해 궁에서 국민대표 회의가 열렸습니다. 주요 안건은 귀족과 성직자에게서도 세금을 걷자는 것이었어요. 성직자 290명, 귀족 270명, 평민 585명이 각 계급을 대표해서 모였습니다. 인구수에 비례하면 균형이 맞지 않았어요. 게다가 투표를 신분별로 할지, 머릿수로 할지 다투다가 결국 신분별로 하기로 정했습니다. 무슨 얘기냐면 성직자는 성직자들끼리, 귀족은 귀족들끼리, 평민은 평민들끼리 먼저 투표로 의견을 정리한 다음 계급별로 투표하자는 겁니다. 결과적으로 성직자와 귀족이 2표, 평민은 1표가 되는 셈이죠. 투표권 자체를 공평하게 나누지 않았던 겁니다.

2대 1 상황에서 성직자와 귀족은 자기에게 불리한 결정을 할 리가 없었겠죠? 끝까지 자기 욕심을 채우려는 그들의 고집이 결국 혁명을 불러왔던 겁니다. 평민 대표들이 국민 의회를 만들고 헌법을 제정하기로 하면서 인류는 민주주의를 되찾았습니다. 권력은 신이 부여한 게 아니며, 국가의 중요 사항을 결정하는 주권은 국민에게 있다는 원칙을 다시 찾은 것입니다.

대한민국 헌법 제1조는 대한민국은 민주공화국이며 모든 권력은 국민에게서 나온다고 분명하게 말합니다. 이 조항을 대한민국에서 최초로 실현한 사건이 바로 4·19 혁명입니다.

민주주의의 가면을 쓴 독재

1960년 3월 15일 대한민국에서 제4대 대통령과 제5대 부통령 선거가 이루어졌습니다. 제3대 대통령이었던 이승만이 다시 대통령 후보로 출마했죠. 6·25 전쟁의 상흔을 극복하지 못해 나라 살림이 많이 어렵던 때였습니다. 지도자들이 전쟁 직후부터 미국의 원조에만 의존했던 탓이 컸습니다. 자연스레 이승만과 그가 이끌던 자유당에 대한 민심은 좋지 않았지요.

더구나 이승만은 권력에 대한 무리한 욕심을 드러냈습니다. 그는 두 번이나 대통령을 했는데도 만족하지 못하고, 원래 두 번까지만 가능했던 대통령 연임 제한을 초대 대통령인 자신만 면제하는 내용의 개헌을 추진했습니다. 국회 투표에서 203명 중 135표를 얻었지요. 헌법을 바꾸려면 3분의 2인 136표가 찬성해야 하는데 딱 한 표가 부족했습니다. 그런데 여기서 부끄러운 대한민국 역사의 한 장이 또 기록되었어요. 국회의 3분의 2는 정확히 따지면 135.3333… 인데, 그걸 소수점 반올림 계산법으로 따지면 135표로 충분하다면서 헌법을 고쳐 버린 겁니다. 이른바 '사사오입(0부터 4까지는 버리고 5부터 9까지는 올리는 방식의 계산법) 개헌'이었죠.

억지 논리로 헌법을 부끄럽게 만들었던 대통령. 경제마저 어렵게 만들었으니 네 번째로 당선될 가능성은 지극히 낮았습니다. 그래서 부정 선거가 이루어졌어요. 공무원, 경찰은 물론이고 조직폭력배

4·19 혁명 기념일
4월 19일

4·19 혁명 당시 중앙대학교 학생들이 내무부 앞에서 시위하는 모습입니다. 전 국민이 참여한 민주주의 혁명을 통해 결국 이승만의 자유당 정권은 몰락하게 되었지요.

까지 동원해 야당을 탄압했습니다. 투표장에서 야당 참관인은 모두 쫓아냈고, 유권자는 3인 1조로 투표하도록 해서 누구를 찍었는지 알게 했습니다. 아예 투표함에 넣기 전 자유당 참관인에게 투표용지를 보여 주도록 했어요. 그걸로도 부족해, 유권자에게 투표하는 방법을 가르쳐야 한다면서 가짜 투표용지를 만들어서 그걸 투표함에 몽땅 부어 넣기도 했습니다.

그 결과 당시 투표율은 97%였고, 그중 이승만의 득표율은 100%였습니다. 부통령 후보자 역시 79% 넘게 득표했는데요, 부통령 득표율까지 너무 높게 나오면 부정 선거가 들통날까 봐 조정한 겁니다. 국민을 바보로 여기지 않고는 있을 수 없는 일이었지요. 당장 선거

날 오후부터 부정 선거를 규탄하는 시위가 곳곳에서 벌어졌습니다.

경남 마산에서도 학생과 시민 들이 거리로 나왔습니다. 마산 고등학교 학생 김주열도 이 행렬에 참여했지요. 그런데 그는 그날 집으로 돌아오지 못하고 행방불명됩니다. 가족들은 아들을 계속 찾아 헤맸으나 끝내 찾지 못했어요. 결국 김주열은 실종 27일 만인 4월 11일에 마산 앞바다에서 최루탄이 눈에 박힌 처참한 모습으로 발견되었습니다.

대한민국 전체가 들끓어 올랐습니다. 부정 선거 무효와 대통령 하야를 한목소리로 외쳤습니다. 결국 이승만은 대통령직에서 물러나 하와이로 망명합니다. 민주주의의 꽃인 투표를 이용해 독재를 시도했던 대통령을 국민이 막은 것입니다.

민주주의는 여전히 진행 중

헌법의 첫머리에도 4·19 혁명이 등장합니다.

"유구한 역사와 전통에 빛나는 우리 대한국민은 3·1 운동으로 건립된 대한민국 임시정부의 법통과 불의에 항거한 4·19 민주 이념을 계승하고…"

– 헌법 전문 중에서

4·19 혁명이 우리에게 남긴 민주 이념은 단지 과거의 기록만이

아닙니다. 현재를 살아가는 우리에게도 필요한 정신입니다. 국민이 피를 흘리는 일을 반복하지 않기 위해서입니다.

헌법은 여덟 번에 걸쳐 바뀌었는데요, 그 과정은 대한민국이 걸어온 길을 보여줍니다. 이승만처럼 장기 집권을 위해 자신에게 유리하도록 헌법을 고쳤던 대통령들이 있었고, 총칼을 앞세운 쿠데타로 권력을 잡은 다음 그걸 정당화하기 위해 개헌을 한 대통령도 있었습니다. 그러다 결국 쫓겨나 망명하고, 부하의 총에 맞아 사망하고, 자리에서 물러난 뒤 감옥에 가는 일들이 이어졌습니다. 독재자에 의해 또는 독재자를 쫓아내는 과정에서 헌법이 바뀌었던 겁니다.

그렇다면 독재자를 미리 알아볼 순 없을까요? '민주적 기본 질서'에 관한 헌법재판소의 정의를 거꾸로 뒤집으면 독재가 무엇인지 보입니다.

> "'민주적 기본질서'는 … 모든 정치적 견해들이 각각 상대적 진리성과 합리성을 지닌다고 전제하는 다원적 세계관에 입각한 것으로서 … "

즉 오직 나만 절대적 진리성을 지닌다고 여기는 것이 독재겠죠. 다수를 존중하면서도 소수를 배려하는 의사 결정이 민주라면, 다수를 명분 삼아 제멋대로 구는 일이 독재일 겁니다. 소수점은 반올림해야 한다는 억지 주장으로 헌법을 고친 것처럼요. 권력분립제, 복수정당제를 부인하고 과거의 왕처럼 절대 권력을 휘두르려 시도하는 것 역시 독재입니다. 민주는 정치 지도자가 아니라 국민의 뜻을 받드는 일이기 때문입니다. 독재자가 권력을 차지하는 일이 없도록 두 눈 크게 뜨고 있어야 합니다.

4·19 혁명 기념일
4월 19일

국가의 중대사에 관한 국민의 의사를 묻는 투표는
'민주주의의 꽃'이라고 불리지만, 투표만 한다고 해서
무조건 민주주의라고 할 수는 없겠죠?

tip

#불평등한 투표권 #조직적인 부정 선거
#민주주의의 탈을 쓰고 #독재를 정당화해

다른 나라는 어때?

프랑스 혁명 기념일

1789년 7월 14일 전제 정치(지배자가 국가의 모든 권력을 장악해 아무 제한 없이 마음대로 그 권력을 휘두르는 정치 체제)에 분노한 프랑스 국민은 바스티유 감옥을 습격해 불태웁니다. 이 감옥은 왕과 귀족이 자신들에게 반대한 사람을 가두는 정치범 수용소로 쓰였던 곳입니다. 이 사건을 계기로 프랑스인들은 봉건제(농민이 영주가 빌려준 땅에서 농사를 지으며 많은 세금을 내는 제도)를 폐지하고, 모든 국민에게 인간과 시민으로서 누려야 할 권리가 있다는 '인권 선언'을 발표했습니다.

프랑스는 이날을 혁명의 날인 동시에 자유·평등·박애 정신을 기리는 날로 삼고 있답니다. 뜻깊은 날을 기념하기 위해 하루 전날인 7월 13일부터 프랑스 전역은 불꽃놀이를 비롯한 각종 축제 행사로 들뜨지요.

4월

April

20

장애인의 날

우리 옆집에 장애인 친구가 산다면

대한민국 인구의 약 5%가 보건복지부에 장애인으로 등록되어 있다고 합니다. 국민 20명 중 1명에게 장애가 있는 셈입니다. 그럼 한 반에 1명꼴로 장애인 학생이 있어야 하는 건데요, 가까운 주변에 장애인 친구가 있나요? 아마 그렇지 않은 경우가 많을 겁니다.

통계에 따르면 장애는 특별하거나 드문 일이 아닙니다. 그러나 우리 사회는 그렇게 인식하지 않습니다. 장애에 대해 제대로 알지 못하기 때문일 거예요. 장애인에 대한 국민의 이해도를 높이고, 장애인의 재활 의욕을 높이기 위해 4월 20일을 장애인의 날로, 그날부터 1주간을 장애인 주간으로 정해 놓았습니다. 그러나 우리 사회의 장벽을 낮추는 노력은 일주일이 아니라 365일 이루어져야 합니다.

장애인 친구가 없는 까닭

"욕을 하셔도 괜찮습니다. 지나가다 때리시면 맞겠습니다. 그런데 포기할 수는 없습니다."

2017년 서울의 한 지역 주민 토론회에서 엄마들이 눈물로 호소하며 무릎을 꿇었습니다. 무슨 큰 잘못을 저질렀길래, 또는 무엇을 바랐길래 그랬을까요? 그들의 요청은 자녀가 공부할 수 있는 학교를 지어 달라는 것이었습니다. 교육받을 권리는 헌법이 규정하고 있는 국민의 기본권입니다(헌법 제31조). 의무 교육에 해당하는 만큼은 무상으로 받을 수 있게 하는 것이 국가의 의무죠.

다만 그들의 자녀는 발달 장애인이라 일반 학생들과는 조금 다른 교육이 필요합니다. 어른으로 자라 독립해 생활할 수 있으려면 장애가 있는 청소년도 학교 교육이 필요하지만, 입시 위주인 일반 학교에 다니기는 힘듭니다. 일반 학교에서 친구들과 어울려 지내면 정말 좋겠지만 현실적으로 어렵지요. 가르쳐야 할 내용과 방식이 다르기 때문입니다. 조금 더 섬세하게 가르치고, 조금 더 오래 기다려야 합니다. 일대일 교육이 필요한 학생도 많습니다. 특수 교육을 할 수 있는 선생님도 필요하고 학교 시설도 조금 더 신경 써서 만들어야 합니다.

문제는 그런 학교가 부족한 겁니다. 1,000만 명 가까이 모여 사는 세계적인 대도시 서울에 발달 장애 학생들을 품을 공간이 없습니다. 엄마들이 무릎을 꿇었던 2017년 당시 서울 지역에 특수 교육이 필요한 학생은 1만 3,000명 가까이 있었는데요, 전체 특수 학교 정원을 다 합해도 4,300명에 불과했습니다. 다닐 수 있는 학교를 찾아 1~2시간 거리를 통학하는 것은 기본이었고, 그나마도 운이 좋아야 했습니다.

그런 상황에 마침 학생 수가 줄어들어 문을 닫은 초등학교 부지가 나왔던 겁니다. 엄마들은 그곳을 특수 학교로 만들기 원했습니다. 장애인 청소년이라고 의무 교육에 예외일 수는 없으니까요. 하지만 받아들여지지 않았습니다. 부모님들은 장애가 있는 자녀와 함께 교육청 맨바닥에 앉아 몇 날 며칠 시위를 했고, 교육청 허가를 받

은 다음엔 지역 주민들을 일일이 찾아다니며 동의를 구했습니다. 그런데도 막상 학교를 지으려고 하면 일부 주민들이 강하게 반대하고 나섰습니다. 그들의 입장은, 특수 학교보다는 지역 주민을 위한 시설을 짓자는 것이었습니다. 장애가 있는 학생들에 대한 부정적인 편견을 노골적으로 드러내는 사람들도 있었습니다. 주변 집값이라도 내려가면 어떡하느냐는 걱정마저 나왔지요. 그들의 마음을 돌리기 위해 엄마들은 눈물로 빌고 또 빌었습니다.

모든 어려움을 극복하고 마침내 학교가 문을 열기까지 5년이라는 시간이 필요했습니다. 생각해 보세요. 그 엄마들의 자녀들은 이미 성년이 되었습니다. 처음부터 그걸 알면서도 우리 사회가 장애를 받아들이는 데 한 발짝이라도 더 나아가게 하려고 애썼던 겁니다. 학교 설립을 반대했던 주민들이 그랬던 것처럼, 아직 우리 사회는 장애인에게 문을 활짝 열지 않습니다. 이것이 국민 20명 중에서 1명이 장애인이지만 학교나 주변에서 장애인 친구를 만나기 어려운 이유입니다.

장애는 개인이 아닌 사회의 문제

그들을 가로막는 장벽을 허물려면 우선 장애란 무엇인지, 장애인은 어떤 사람인지부터 정확히 알아야 합니다. 장애인복지법을 한번 보겠습니다.

〈장애인복지법 제2조〉

① "장애인"이란 신체적·정신적 장애로 오랫동안 일상생활이나
사회생활에서 상당한 제약을 받는 자를 말한다.

② 이 법을 적용받는 장애인은 제1항에 따른 장애인 중 다음 각 호의 어느
하나에 해당하는 장애가 있는 자로서 대통령령으로 정하는 장애의 종류
및 기준에 해당하는 자를 말한다.

1. "신체적 장애"란 주요 외부 신체 기능의 장애, 내부기관의 장애 등을
말한다.

2. "정신적 장애"란 발달장애 또는 정신 질환으로 발생하는 장애를 말한다.

국가의 법은 그 시대에 그 나라를 사는 사람들의 사고방식을 대변합니다. 즉 오늘날 대한민국 국민은 장애인을 '몸과 마음의 장애로 정상적인 생활을 하는 데 불편을 겪는 사람들'이라고 보는 겁니다.

'장애'라는 단어에 대해서는 국어사전을 살펴보겠습니다. "신체 기관이 본래의 제 기능을 하지 못하거나 정신 능력이 원활하지 못한 상태"라고 말하고 있네요.

장애, 장애인에 관한 우리 사회의 일반적인 관점을 정리하자면 몸과 마음이 온전하지 못해 불편을 겪는 사람이라고, 즉 당사자인 '개인의 문제'로 보고 있습니다. 틀린 말은 아니지 않냐고 생각할 수 있지만, 위와 같은 관점은 장애인을 '도움을 줘야 하는 불쌍한 사람' 정도로 여기게 만듭니다. 다른 사람을 방해하는 존재로 여길 수도 있고요.

장애인의 날
4월 20일

시각 장애가 있어 길을 찾기 어렵다면, 그건 그 사람의 문제가 아니에요. 도움을 주는 시설을 충분히 갖추지 못한 사회에 문제가 있는 거지요.

장애에 관한 국어사전의 다른 용례로 "어떤 사물의 진행을 가로막아 거치적거리게 하거나 충분한 기능을 하지 못하게 함"이 있습니다. 장애인을 이런 식으로 보는 눈길이 우리 사회에 없다고 말할 수 있을까요? 남에게 민폐를 끼치는 사람으로 보는 눈길은 장애인을 세상에 나오기 더욱 어렵게 만듭니다.

그럼 어떻게 해야 하냐고요? 장애를 보는 시선을 '사회 전체의 관점'으로 변화시켜야 합니다. 몸과 마음이 조금 다르다는 이유로 일상생활에서 겪어야 하는 어려움, 교육이나 취업에서 차별 대우를 받도록 내버려 두는 일을 장애로 보는 거죠. 시각 장애가 있어 길을 가기 어렵다면, 그 사람을 탓하는 것이 아니라 그런 사람도 편하게 걸을 수 있도록 길을 만들지 않은 사회가 장애를 겪고 있다고 봐야 합니다. 그저 관점이 다른 것이 아닙니다. 그렇게 보는 것이 옳습니다. 우리는 짐승이 아니라 문명을 이룩하고 사회를 이루어 함께 사는 인간이기 때문입니다.

누구나 장애가 있다?

"아침에는 네 발, 점심에는 두 발, 저녁에는 세 발인 존재가 무엇인가?"

그리스·로마 신화에는 길 가던 나그네를 막고 수수께끼를 낸 다음 풀지 못하면 잡아먹었다는 괴물 스핑크스가 등장합니다. 스핑크스가 낸 문제의 정답은 바로 '사람'입니다. 네 발로 기던 유아기, 두 발로 걷는 청장년기 그리고 지팡이를 짚어야 하는 노년기를 빗댄 문제였지요. 네 발, 세 발… 장애를 개인적인 문제로 치부하면 어린이나 노인도 장애인이라고 할 수 있습니다. 실제로 지하철, 버스 같은 대중교통 수단에는 노약자석과 장애인석이 함께 있습니다. 불편함을 줄이기 위한 제도인데, 노약자·장애인석을 마치 부당한 특혜인 것처럼 불편하게 여기는 사람도 간혹 있습니다. 그런 시선으로 보면 건장한 젊은이만 멀쩡한 사람인 셈이죠.

기왕 신화를 꺼낸 김에 하나 더 얘기해 볼까요? 동물은 흉내조차 낼 수 없는 인간만의 능력을 딱 하나 꼽는다면 무엇일까요? 바로 불을 다루는 능력입니다. 몸을 데우고 음식을 요리하는 일을 비롯한 문명 전체가 불에서 시작되었습니다. 산업혁명을 일으킨 증기 기관이 불이었고요, 여러분이 들고 있는 스마트폰을 작동시키고 볼 수 있게 만드는 에너지도 따지고 보면 불입니다.

신화에 따르면 프로메테우스가 인간에게 불을 선물했습니다. 그

장애인의 날
4월 20일

는 동생인 에피메테우스와 함께 최초로 인간과 동물을 창조한 신입니다. 두 신은 인간과 동물을 창조한 뒤 그들이 세상에서 잘 살아갈 수 있도록 특별한 재주를 하나씩 선물해 주는데요, 동생인 에피메테우스가 그만 아무 생각 없이 동물들에게 좋은 선물을 다 나눠 주는 바람에 정작 제일 중요한 인간에게 줄 선물이 없었죠. 인간은 물고기처럼 헤엄을 칠 수도 없고, 말처럼 빨리 뛸 수도 없고, 맹수의 발톱과 이빨도 없었으니까요. 신의 눈에 인간은 모두 장애인이었던 겁니다.

너무 미안했던 프로메테우스는 최고 신 제우스로부터 불을 훔쳐다가 인간에게 주었습니다. 신의 선물인 불 덕분에 인간은 부족함을 극복하고 오늘날의 문명을 이룰 수 있었고요. '장애'를 넘어서 어느 동물보다 빨리 달리고 바다와 하늘까지 자유롭게 오갈 수 있게 되었지요. 그 바람에 프로메테우스는 쇠사슬에 묶여 두 마리 독수리에게 간을 파 먹히는 형벌에 처했지만요. 신이었기에 죽지 않고 매일 똑같은 고통에 시달리면서도 그는 희망을 잃지 않았는데요, 예지력이 있어서 언젠가는 영웅 헤라클레스가 구해 줄 것을 알고 있었기 때문입니다.

다른 누가 아닌 바로 나를 지키는 일

이번에는 우리 주변을 한번 둘러봅시다. 많은 발명품이 장애를 극복하기 위해 만들어졌습니다. 전화기를 만들고 축음기를 개량했던 발명가 그레이엄 벨은 청각 장애인 학교를 운영하며 음성을 기계화하는 일에 눈을 떴습니다. 키보드는 시각 장애인이 편하게 글 쓰는 방법을 찾다가 만들어진 것이고요. 스마트폰의 유용한 기능인 음성 인식 역시 비슷한 이유로 개발되었습니다. 장애인 추락 사고를 방지하기 위해 도입된 지하철 스크린 도어 덕분에 모두가 더욱 안전해졌고요. 인도와 차도 사이 턱을 낮추면 휠체어뿐만 아니라 유아차가 다니기도 편해지죠. 사회 전체의 관점에서 바라보면 장애는 불편함이 아니라 발전을 가져오는 원동력입니다.

인간이 동물과 다른 또 한 가지는 공동체를 이루고 산다는 사실입니다. 무리를 이루어 맹수를 물리쳤고요, 군대를 만들어 전쟁을 했습니다. 피라미드와 만리장성 같은 위대한 건축물도 만들었고, 이제는 우주로까지 뻗어 나가고 있습니다. 모험 영화에서 위기에 처한 영웅들이 서로 등을 맞댄 채 둥그렇게 둘러서서 싸우는 장면을 본 적이 있을 겁니다. 그렇게 서로를 믿고 의지하는 데서 인간은 능력을 최고치로 끌어올릴 수 있었습니다.

공동체에 속한 사람이 다치거나 아프다고 해서 버린다면 그 공동체는 오래 유지될 수 없을 겁니다. 결국 뿔뿔이 흩어지고 말겠죠. 우리는 다친 사람이 회복될 때까지 기다려 줘야 합니다. 마찬가지로 장애가 있는 사람이 장애를 극복하고 공동체 속에서 그의 역할을 해내도록 지지해 줘야 하고요. 그래야 공동체가 오래도록 강한 결속력을 유지할 수 있습니다.

장애인의 날
4월 20일

TV나 인터넷 사이트에서 보험 광고를 본 적 있을 거예요. 갑자기 찾아올 수 있는 사고에 미리 대비해 놓아야 한다고요. 보험은 다수의 사람이 재화를 모아 사고에 공통으로 대처한다는 콘셉트의 경제활동입니다. 아주 오랜 옛날부터 있었죠. 다행히 아무 일도 없으면 냈던 보험료를 돌려받진 못하지만, 그것을 낭비라고 여기지는 않습니다. 장애에 대한 사회의 마음가짐도 이와 같아야 합니다. 이 사회의 구성원으로서 장애에 공동으로 대처해야 하지요. 그 누구도 사고를 당하지 않으리란 보장은 없으니까요. 우리나라 인구의 약 5%가 장애를 겪고 있다고 앞서 말했습니다. 그중 85% 이상이 후천적 장애인입니다. 가장 큰 원인은 교통사고와 산업 재해예요. 질병에 의한 경우보다 더 많습니다.

누구라도 언제든지 장애인이 될 수 있습니다. 의학 발전으로 인간 수명이 많이 늘어났지만, 그 때문에 장애의 불편함을 오랜 기간 감수하며 살아야 하는 사람도 늘어났습니다. 과학기술이 발전한다고 해서 장애가 줄어들지는 않거든요. 누구나 그런 상황에 놓일 수 있다면 모두 함께 대비하는 사회적 보험이 더욱 필요합니다. '나'를 위해서라도 장애를 바라보는 시각은 달라져야 합니다.

장애에 관한 이해를 높이기 위해 장애인 체험을 할 수 있는 곳들이 있습니다. 그러나 좋은 취지에 비해 그 효과가 썩 좋은 것 같지는 않습니다. 안대를 해서 앞이 잘 안 보이고 보조 기구 때문에 몸을 움직이기 불편하다고 해도 아주 짧은 시간만 체험하는 것이라 그런지,

진지하기보다는 친구들끼리 놀이 공원에 온 것처럼 보이기도 합니다. 주변에서 자주 접하거나 함께 생활하는 장애인이 없어서 깊이 공감하기 어려운 탓일 겁니다. 보이지 않다 보니 나와는 상관없는 일로 여기기 쉽지요.

조금만 더 주의 깊게 주변을 살피면 고쳐야 할 사회의 장애가 보일 겁니다. 옆집에 상애인 친구가 살고 있을 수도 있습니다. 친구가 겪는 불편함을 없앨 수 있다면 그것이 바로 영웅 아닐까요? 쇠사슬에 묶여 고통받던 프로메테우스를 해방한 헤라클레스처럼요.

장애인의 날
4월 20일

시민's 생각

장애를 개인이 극복해야 할 문제로 보는 데 그치지 않고,
사회 전체의 관점에서 바라보면 무엇이 달라질까요?

tip

\#장애인에 대한 편견이 사라져 \#함께 사는 사회
\#발전의 기회가 많아 \#모두 함께 대비하는 사회적 보험

다른 나라는 어때?

국제 장애인의 날

유엔은 매년 12월 3일을 국제 장애인의 날로 지정해 기념하고 있습니다. 전 세계 장애인의 복지 수준과 재활 상태를 점검하고, 장애인이 더 인간다운 삶을 누릴 수 있는 데 필요한 권리와 보조 수단을 확보하기 위한 날인데요, 무엇보다 이를 위해 국제 사회에 장애 문제에 관한 이해를 촉구하고 있습니다.

유엔은 1975년 장애인이 다양한 분야에서 자기 능력을 최대한 개발할 수 있도록 돕고, 가능한 한 정상적으로 생활하며 자신의 이상을 실현할 수 있도록 한다는 취지에서 '장애인 권리 선언'을 채택했습니다. 그리고 1981년을 세계 장애인의 해로 선포한 다음, 이후 10년 동안을 '재활 10년'으로 정해 장애인 문제 개선을 위해 노력했어요. 1992년부터는 공식적으로 국제 장애인의 날을 만들어 각국에서 기념행사를 개최하고 있습니다.

25

법의 날

내가 변호사가 된 이유

"권력의 횡포와 폭력의 지배를 배제하고 기본 인권을 옹호하며 공공복지를 증진하는 '법의 지배'가 확립된 사회의 건설을 위해"

1964년 첫 번째 법의 날을 기념하는 자리에서 낭독된 제정 의도입니다. 처음엔 5월 1일이었는데요, 2003년부터는 4월 25일로 바뀌었습니다. 이날은 갑오개혁 때 만들어져 근대적 사법제도를 국내에 들여왔던 재판소구성법(조선 말기의 사법제도에 관한 기본법)이 시행된 날입니다.

근대 이전의 법은 왕·귀족 같은 권력의 지배를 보조하는 수단에 그쳤습니다. 국민의 동의를 거쳐 사회를 구성하고 갈등을 해결하는 원칙이 아니었죠. 법을 적용하고 집행하는 법원 역시 권력으로부터 완전히 독립하지 못했습니다. 그러나 현대의 자유 민주주의에서는 누구든지 법 앞에 평등하고, 어떤 권력이라도 법 위에 올라설 수 없습니다.

인생의 진리를 찾아서

나는 누구고, 여긴 어디지? 이런 생각, 다들 한 번쯤 해본 적 있을 겁니다. 뭔가 특별하고 갑작스러운 일을 겪어서가 아니라 그냥 문득 그럴 때 있잖아요. 평범한 어느 날 햇살이 눈부시게 빛나서, 또는 금방이라도 쏟아질 듯 많은 별을 품은 밤하늘에 취해서… 그럴 때면 머릿속이 빙빙 돌고, 어쩐지 갈피를 잡지 못해 헤매는 기분이 듭니다. 어떻게 살아야 할지, 뭘 하고 살아야 할지 잘 몰라서 가슴이 답답하기도 하고요. 이처럼 '나'라는 존재는 무엇이고 이 세상은 어떻게 이루어진 것인지 그 근본을 추구하는 학문을 '형이상학'이라고 합니다. 저는 이 형이상학에 빠져, 대학에서 철학을 전공하게 되었습니다.

당연하게도 답을 찾는 일은 생각보다 쉽지 않았습니다. 종교, 윤리, 각종 사상을 열심히 뒤적여 봤죠. 공자님 말씀은 틀린 말 하나 없이 좋은 얘기지만 어딘가 모호하고 손에 잡히지 않았습니다. "아침에 도를 들으면 저녁에 죽어도 좋다." 이게 도대체 무슨 말일까요? 저는 동양 철학에 관심이 많아서 특히 공자님 말씀을 열심히 공부했거든요. 물론 학문으로서의 철학은 아주 매력적입니다. 그러나 발바닥을 이 땅에 붙이고 사는 한 현실이 더 궁금할 수밖에 없었죠. 그래서 기자라는 직업에 관심 갖게 되었습니다. 곳곳에서 벌어지는 다양한 일, 각양각색의 사람들을 만나기에 그만한 직업은 없을 테니까요.

그렇게 세상에 뛰어들어 몇 년을 기자로 일하다 보니 다시 머릿속이 와글거렸습니다. 많은 사건을 겪으며 얻은 정보들이 뒤섞인 탓이었을까요? 사람들이 저마다 사는 모습이 중구난방 어지럽게만 보였습니다. 실제로 현실이 무질서하거나, 또는 존재하는 질서가 있는데도 깨닫지 못하고 있다는 답답함에 다시 사로잡혔습니다. 아무래도 저, 무슨 정리벽 같은 게 있는 거 같죠? 아무튼 그래서 법으로 눈을 돌리게 된 겁니다. 법은 일상생활을 이루는 원리를 잘 정리해 놓

은 것이라고 막연히 추측했죠. 형이상학에는 이르지 못하더라도 최소한의 진리가 법에 있을 거라고요. 적어도 현실을 다스리는 질서는 찾을 수 있을 거라고 기대했습니다.

선한 사람을 가리켜 흔히 '법 없이도 살 사람'이라고 합니다. 그러나 사회에서 겪은 현실은 달랐어요. 아무리 착해도 법을 모르면 곤경에 빠지는 경우를 흔하게 봤습니다. 저 스스로 어려움을 겪기도 했고요. 나중에 알고 보니 "법을 몰랐다는 이유로 용서하지 않는 게 법"이라고 하더군요. 종교나 윤리와 달라서 법은 따르지 않으면 강제로 벌을 주잖아요. 도대체 무슨 근거로 법이라는 게 남의 인생에 그렇게 간섭하는 건지 알아야겠더군요. 그래서 변호사가 되기로 마음먹었습니다. 악을 처단해 사회 정의를 실현하거나 약자를 돕고 싶었다는 식의 멋진 이유를 기대했다면 미안합니다.

그래서 법이 도대체 뭔데?

그래서 최소한의 진리, 정리된 질서를 찾았냐고요? 반은 그렇고 반은 아닙니다. 법에 관해 흔히 하는 오해에서부터 이야기를 풀어볼까 합니다. 저는 서른 살이 넘을 때까지 법을 공부해 본 적이 단한 번도 없었습니다. 그렇다고 특별히 큰 불법을 저지르지도 않았고요. 아마 여러분도 그럴 겁니다. 사람을 죽이면 안 된다, 다른 사람의 물건을 훔치지 마라, 친구를 때리는 건 나쁜 일이다… 웬만하면 지키고 살죠. 이런 것들은 굳이 살인죄, 절도죄, 폭행죄에 관해 배우지 않아도 다 안다고 여깁니다.

근데 정말 그럴까요? 만삭인 임산부 배 속에 있는 아이를 해치면 어떻게 될까요? 학교에 내야 할 부모님 확인서에 엄마 도장을 슬쩍 해서 찍었다면? 등굣길에 친구를 보고 등짝 스매싱을 날렸다면요? 형법에서는 최소한 출산을 위한 진통을 시작했을 때부터 사람이라고 봅니다. 그러니까 배 속에 있는 아이는 살인죄의 대상은 아닌 거죠. 물건의 경제적 가치가 달라지지 않는 한 절도가 아니니까 도장을 쓰고 다시 갖다 놓으면 절도죄는 아니고요. 대신 엄마 이름으로 된 가짜 서류를 만들었으니 사문서위조죄입니다. 등짝 스매싱은 상황을 구체적으로 따져 봐야 하겠지만 어쨌든 다른 사람의 신체에 폭력을 쓴 건 원칙적으로 폭행죄가 맞습니다.

어때요? 법조인이 아닌 이상 자세한 내용은 모르는 게 당연하니까 당황하지는 마세요. 그러면 법을 자세히 알지 못해도 큰 지장 없이 살 수 있는 이유는 뭘까요? 인류는 오래전부터 종교, 윤리, 법이라는 이름으로 여러 규칙을 만들어 왔습니다. 기독교의 구약 성서에 십계명이 나오고요, 제가 좋아해서 열심히 공부했던 공자님은 기원전 500년경에 살았습니다. 최초의 성문법(문자로 적은 법)이라는 함무라비 법전은 기원전 1700년쯤으로 거슬러 올라가죠. 그 내용 중 상당수가 지금의 법에도 들어 있어요. 여러분도 자라면서 어른에게서 배우거나 책에서 읽거나 아니면 그 외에 이런저런 과정을 통해

법의 날
4월 25일

알게 되는 겁니다. 모르는 장소에서 길을 찾을 때 남들 따라가다 보면 웬만하면 목적지에 도달하는 것처럼요.

그럼 다 된 거 아니냐고요? 결정적인 차이가 있습니다. 종교는 신을 따르는 것이고, 윤리는 대개 위대한 성인의 말씀입니다. 과거의 법은 왕이 백성을 다스리기 위해 만들었습니다. 위에서 아래로 따라야만 하는 수직적인 명령이었습니다. 그러나 현대 민주주의 국가는 다릅니다. 국민이 스스로 만드는 것이 법입니다. 모든 사람이 법을 만드는 일에 직접 매달릴 수 없어서 대리인을 뽑아 맡겨 놓았을 뿐입니다. 이것을 대신할 대代, 의논할 의議를 써서 '대의 민주주의'라고 합니다. 우리나라에서는 국회와 국회의원이 그 역할을 담당하지요. 그걸 누가 모르냐고요? 머리로는 아는 것 같아도 헷갈릴 거예요. 인류가 종교, 윤리, 과거의 법에 따라 살았던 시간이 평등한 국민이 합의해서 만든 법에 따라 살았던 시간보다 훨씬 기니까요.

법은 우리와 별개로 존재하는 어떤 절대적인 진리가 아닙니다. '사회 상규'라는 용어가 있는데요, 같은 시대를 살아가는 일반적인 사람이라면 옳다고 고개를 끄덕일 만한 가치를 나타내는 말입니다. 그걸 가능한 한 많은 사람이 받아들일 수 있도록 정리한 것이 법이고요. 그러니까 법은 국가와 사회를 구성하는 원리인 셈입니다. 정해진 질서지만 변화하는 세상의 흐름에 따라 달라지기도 하고요. 위에서 내려온 명령이 아니라 우리끼리 맺은 약속이니까 지켜야 합니다. 내가 법의 주인인 이상, 몰랐다는 변명을 할 수 없거든요. 저는 그걸 깨닫지 못했기에 마치 남에게 간섭받는 것으로 받아들였던 겁니다. 법과 정치에 관심이 없다 보니 변화를 따라가지 못해 혼란스러웠던 거죠.

법의 지배와 법에 '의한' 지배

흔히 착각하기 쉬운 것이 바로 대통령·국회의원·고위 공무원을 마치 왕이나 귀족처럼 '높은 사람'으로 여기는 겁니다. 과거에도 법은 있었지만, 그때의 법과 지금의 가장 큰 차이는 모든 사람이 법 앞에 평등하다는 것입니다. 누구도 예외일 수 없죠.

〈헌법 제11조〉
① 모든 국민은 법 앞에 평등하다. 누구든지 성별·종교 또는 사회적 신분에 의해 정치적·경제적·사회적·문화적 생활의 모든 영역에 있어서 차별을 받지 아니한다.
② 사회적 특수계급의 제도는 인정되지 아니하며, 어떠한 형태로도 이를 창설할 수 없다.

조선시대에도 법률과 재판관은 있었지만, 왕을 심판할 수는 없었어요. 지금은 대통령이라도 법을 어기면 헌법재판소의 결정에 따라 자리에서 물러나야 합니다. 법치주의 국가로서 어떤 사람이나 계급이 아닌 법의 지배를 받기 때문이죠.

법의 날
4월 25일

그뿐만 아니라 아무리 큰 권력을 갖고 있더라도 자기 마음대로 할 수는 없습니다. 대한민국 최고의 권력은 국민이 뽑은 대통령에게 있는데요, 그런 대통령이 설령 좋은 일을 하고 싶더라도 그를 뒷받침하는 법이 없다면 마음대로 할 수 없습니다. 이를테면 전국에 무료 와이파이를 만든다고 해봅시다. 기존 통신사들의 협조를 얻고, 세금을 들여 곳곳에 중계기를 설치하는 등의 일이 필요할 겁니다. 그러려면 국회에서 그런 일을 할 수 있게끔 법으로 근거를 만들어 줘야 합니다. 또 다른 예로 법을 집행하는 대법원장 또는 검찰 총장이 누군가를 정말 미워한다고 칩시다. 그래도 그 미움받는 사람이 형법에 정해진 범죄를 저지르지 않는 한 절대로 건드리지 못합니다.

오늘날의 법치주의는 여기서 한 발짝 더 나아갑니다. 법률의 내용과 목적은 인간의 존엄을 보장하고 자유와 평등을 비롯한 기본권을 실현하기 위한 것이어야 한다는 법치주의가 바로 오늘날의 '실질적 법치주의'입니다. 단순히 법으로 다스리는 것에서 한 단계 더 전진한 형태죠.

법은 많은 사람이 어우러져 살아가는 인간 사회에서 꼭 필요한 약속입니다. 교통 신호와도 같죠. 빨간불이 켜지면 나는 멈춰 서야 하지만 반대편은 건널 수 있습니다. 파란불이 켜지면 내가 건널 수 있는 반면 반대편은 멈춰 있어야 하고요. 그렇지 않으면 서로 부딪히고 난리가 나겠죠. 되도록 많은 사람의 안전과 자유를 지키는 것이 법을 만드는 목적이어야 합니다.

누군가는 쉽게 외출도 못 하게 만들고, 또 다른 누군가를 위해서는 집 앞까지 지하철을 놓는 법이 있다면 잘못된 거겠죠. 겉으로만 법의 모습을 띠고 있을 뿐입니다. 이것을 '형식적 법치주의'라고 하는데요, 목적이나 내용을 따지지 않고 절차와 형식만 강조하는 겁니다. 법의 이름만 빌렸을 뿐 권력을 차지한 사람 마음대로 국가를 이끄는 것이죠. 마지 올바른 길인 것처럼 국민의 눈과 귀를 가린 채 횡포를 부립니다. 이것을 법의 지배Rule of Law와 구별하기 위해 법에 '의한' 지배Rule by Law라고 부릅니다. 그런 일이 가능하냐고요? 제2차 세계대전을 일으킨 나치 독일의 히틀러는 선거로 뽑힌 수상이었습니다. 유대인의 대량 학살은 법의 이름으로 이뤄졌습니다.

우리는 그런 일을 막기 위한 장치로 권력분립제를 뒀습니다. 국가의 권력이 한 개인이나 집단에 집중되지 않게 나누는 제도지요. 그리고 헌법을 위반하는 법률을 허용하지 않기 위해 헌법재판소를 만들고, 법을 어기는 고위 공직자를 탄핵할 수도 있게 했습니다. 언론·출판·집회·결사의 자유를 보장해 국민을 쉽게 속일 수 없도록 하고요. 하지만 가장 중요한 건 법과 정치에 관한 국민의 관심입니다. 대한민국의 모든 권력은 국민에게서 나오기 때문에 법치주의는 민주주의와 맞닿아 있습니다. 주인이기를 포기하고 무관심하게 내버려 두면 어느 순간 나쁜 마음을 가진 '히틀러'의 지배를 받을 수 있는 겁니다.

법의 날
4월 25일

그 누구도 신은 아니기에

모든 국민이 법률 전문가일 수는 없습니다. 다만 기본적인 원리를 이해하고, 국가와 사회에 일어나는 중요한 일에 관한 관심은 놓지 말아야 합니다. 나랏일을 맡겨 놓은 사람들이 제 역할을 다하는지 계속 지켜보고, 선거를 통해 적극적으로 권리를 행사해야 합니다. 국민의 눈높이에 맞지 않는 법률이 있다면 목소리를 내서 바꾸기도 해야 합니다. 어떤 인간도 완벽할 수는 없고, 인간이 만든 법역시 마찬가지입니다. 조금이라도 더 정의에 가까워지기 위해 살아움직여야 하는 것이 법입니다.

국가와 사회를 구성하는 원리를 정하는 것이 법이라고 했죠? 그래서 구성원들 사이에 갈등이 일어나면 해결하는 기준이 되는 것입니다. 여러 사람과 얽혀 다양한 관계를 맺는 곳이 사회다 보니, 서로가 주고받은 약속이 제대로 지켜지지 않는 경우가 생깁니다. 약속 그 자체에 대한 해석이 다를 때도 있고요. 넘지 말아야 할 선을 넘기도 합니다. 누군가 나서지 않으면 서로 악다구니를 쓰며 끝없이 싸워야 할 겁니다. 어느 쪽이 기준에 가까운지 판단하는 역할을 맡은 곳이 바로 법원입니다. 모든 국민은 다음과 같은 권리를 가집니다.

〈헌법 제27조〉

① 모든 국민은 헌법과 법률이 정한 법관에 의하여 법률에 의한 재판을 받을
   권리를 가진다.

이것은 힘이 센 쪽이 무조건 이기지 않도록, 권력으로부터 독립
해 법에 따라 판단받을 수 있는 권리입니다. 그런데 법원 역시 사람
이 하는 일이기 때문에 완벽할 수 없습니다. 아무리 훌륭한 재판관
이라도 신이 아닌 이상 모든 진실을 알기란 불가능하거든요. 올바른
내용으로 법을 만드는 일 못지않게 법을 적용하는 절차가 중요한
이유입니다. 우리는 실수를 최대한 줄이기 위한 안전장치를 만들었
습니다. 두 번, 세 번 거듭 판단을 받아볼 수 있도록 했고 법률 전문
가인 판사·검사·변호사를 두고 제각각 역할을 나눴습니다. 어느 한
쪽으로 치우치지 않으면서 진실에 가까워질 수 있도록 말입니다.

법조인은 국민을 대표해 국회에서 만든 법이 실제 국민 개개인
의 삶에 적용될 때 중개인 역할을 하는 셈입니다. 국민의 이해를 돕
기도 하고, 국민의 목소리가 다시 국회에 들릴 수 있게도 하고요. 올
바르지 않은 방향으로 법이 움직인다면 누구보다 빨리 바로잡는 일
에 나서야 합니다. 완벽할 수 없는 세상이지만, 조금이라도 더 나은
세상을 만들어 가는 일입니다.

법의 날
4월 25일

법의 주인은 모든 국민 한 사람, 한 사람이라는 사실을 잊고 권력을 가진 사람들에게 맡겨 놓기만 한다면 어떤 일이 벌어질까요?

tip

#사회 상규에 맞지 않는 #형식적인 법치주의가 아닌
#내용과 목적이 올바른 #실질적 법치주의를 위해

다른 나라는 어때?

미국 법의 날

법의 날을 세계 최초로 기념한 나라는 미국입니다. 1958년 5월 1일 미국의 제34대 대통령 드와이트 아이젠하워는 법의 중요성과 준법정신을 강조하며 미국 법의 날을 선포했습니다. "법에 관한 자유는 숨 쉬는 공기와 같다"라는 말로 법의 지배가 일상생활에 미치는 의미를 강조했지요.

이후 1963년 그리스 아테네에서 열린 '법의 지배를 통한 세계평화대회'에서 세계 각국에 법의 날 제정을 권고함에 따라 우리나라도 다른 나라와 같이 5월 1일을 법의 날로 정했습니다. 2003년부터는 근로자의 날(5월 1일)과 겹치는 것을 막기 위해 4월 25일로 변경되었고요.

이런 날도 있어?

1 더하기 1은 가족
'입양의 날'

사람은 혼자 살아갈 수 없는 존재입니다. 홀로 태어나 스스로 자라날 수 있는 사람은 없습니다. 몸과 마음이 성장해 독립적인 인격체가 될 때까지 오랜 돌봄이 필요합니다. 보통은 가족이 그런 역할을 담당하지요. 성년이 된 한 사람이 또 다른 한 사람을 만나 가족을 이루는 역사를 통해 인류는 지금처럼 번성할 수 있었습니다. 국가라는 커다란 공동체도 가족이 시작이지요.

가족이라고 하면 가장 일반적으로 남녀가 부부를 이뤄 자녀를 낳는 모습을 떠올리기 쉽습니다. 유전자를 물려주고 물려받는 생물학적인 관계지요. 그런데 부모가 없거나, 있더라도 자녀를 보호하고 키울 수 없는 특별한 사정이 생길 수 있습니다. 그런 상황에 놓인 아이가 새로운 가족을 만날 수 있는 제도가 바로 입양입니다.

입양하면 법률에 따라 친자 관계로 맺어질 수 있습니다. 성과 이름도 바꿀 수 있고요. 자녀로서 정신적·경제적 보호를 받을 수 있습니다. 부모도 자기 후손으로 세대를 이어 갈 수 있고요. 부양이나 상속은 물론 법적으로 똑같은 부모 자식의 관계가 생깁니다. 더 중요한 점은, 한 지붕 아래 지내고 한 밥상에서 밥을 먹으면서 가족의 사랑을 쌓을 수 있다는 점이지요.

2006년부터 기념일로 삼은 5월 11일은 바로 이러한 입양의 취지를 알리기 위한 날입니다. 하나의 가정이 1명의 아이를 입양하면 (1+1), 새로운 가정으로 태어난다는 의미를 담았습니다. 이날부터 1주간을 '입양주간'으로 삼아 다양한 행사도 엽니다. 입양 가정을 위한 양육비와 의료비 지원, 교육과 정보 제공 같은 정책을 시행하고 있고요, 아동의 권리와 복지를 보장하기 위해 입양특례법을 마련하기도 했습니다.

입양 가정이 특별한 것은 아닙니다. 그저 여러 방법 중 하나로 부모 자식의 인연을 맺은 것뿐이지요. 조금 다른 차이마저도 없애기 위해 나라에서는 여러 가지 제도로 뒷받침합니다. 입양을 경험한 사람들은 하나같이 입을 모읍니다. 낳은 정보다 기른 정이 더 크다고요. 가족이란 결국 생각과 마음을 나누고, 함께 밥을 먹는 사람들이니까요.

아름다운 동행, '세계 안내견의 날'

4월 마지막 수요일

반려견, 반려묘, 그 밖에도 여러 동물이 인간과 어울려 지냅니다. 이 친구들의 눈을 들여다보면요, 정말 순수하다고 할까요? 자신을 돌봐 주는 사람에 대한 절대적인 믿음과 사랑을 담고 있어요. 맑은 눈으로 사람을 이끌어 주는 특별한 반려동물이 있죠. 바로 시각 장애인의 눈으로 살아가는 안내견입니다.

안내견을 직접 보면 신기할 정도랍니다. 다가오는 장애물들을 피하고 건널목 신호를 지켜 가며 사람을 안전하게 이끕니다. 식당 같은 실내에 들어 오면 몸짓 한번 크게 내지 않고 조용히 사람 친구가 일을 마칠 때까지 곁을 지키고요. 기다리는 시간이 길어져서 꾸벅꾸벅 졸 망정 절대로 짜증 내지 않지요. 솔직히 사람보다 낫다는 게 과장이 아니에요.

어떻게 그런 동물 친구가 생겼을까요? 1916년 제1차 세계대전 이후부터였습니다. 한 군의관이 전쟁터에서 시력을 잃고 돌아온 군인을 돌보는 개를 목격했죠. 이를 계기로 독일에 최초의 안내견 학교가 세워졌고 영국, 미국을 거쳐 세계로 퍼져 나갔습니다. 우리나라에서는 1972년 미국에서 온 '사라'가 첫 번째 안내견이었어요. 1993년 국내에도 안내견 교육과정이 생기면서 오늘날까지 이어지고 있습니다. 2020년엔 '조이'가 시각 장애인인 김예지 국회의원과 함께 당당하게 국회에 출근하기도 했습니다.

우리나라 안내견은 황금색 털을 가진 레트리버가 대부분인데요, 워낙 사람을 잘 따르는 데다 제법 덩치가 있어 길을 이끌기 적당하기 때문입니다. 안내견으로 활동하려면 1년간 기본 교육을 받고 8개월간의 본격적인 훈련 끝에 시험까지 치러야 하는데요, 합격률이 30%니까 만만치 않습니다. 한번 사람 친구와 인연을 맺으면 10년 정도 봉사한 다음 명예롭게 은퇴합니다.

안내견에 대한 고마움을 새기고, 이해를 돕기 위해 매년 4월 마지막 수요일을 세계 안내견의 날로 기념하고 있어요. 혹시 안내견을 만나면 이런 것들을 조심해 주세요. 사람 친구의 허락 없이 함부로 만지거나 먹이를 주면 안 됩니다. 사진을 찍을 때도 찰칵 소리에 당황할 수 있으니까 꼭 동의부터 받아 주세요!

2

권리를 생각하며,
권력을 생각하며

5월
May

1

근로자의 날

우리는 대부분 근로자가 된다

노동 운동을 대표하는 날입니다. 전 세계 근로자들이 단결해 노동 조건이 나아질 수 있도록 목소리를 높이는 날이죠. 1880년대 미국 노동자들이 유혈 사태까지 겪으며 열악한 노동 환경을 개선하려고 싸웠던 날을 기념하기 위해 세계 각국에서 시작되었습니다.

우리나라에서는 일제 강점기였던 1923년 5월 1일 약 2,000명의 노동자가 모여 '노동 시간 단축·임금 인상·실업 방지'를 주장하며 처음으로 행사를 열었습니다. 정부는 1958년부터 당시 전국적인 노동조합 창립일인 3월 10일을 노동절로 정해 기념했고요. 1963년 노동법을 개정하면서 명칭을 근로자의 날로 바꿨습니다. 1994년에는 5월 1일로 날짜를 되돌려 지금까지 유지하고 있습니다.

함께 만들어 온 세상

화려한 불빛을 뿜어 내는 건물들이 줄지어 서 있는 거리를 걷다 감탄한 적 있나요? 인간은 어떻게 이런 세상을 만들어 냈을까 하고 말입니다. 철근과 콘크리트로 세운 거대한 인공의 숲, 그 사이로 구석구석 에너지와 정보가 흐르며 사람들은 함께 살아 움직입니다. 드넓은 바다와 높은 하늘도 자유롭게 오가지요. 또 까마득한 우주를 향해 불을 뿜으며 덤벼듭니다. 이 모든 일을 해낸 두 손을 펼쳐 들여다보면 경이롭기만 합니다.

인류가 지금과 같은 발전을 이룰 수 있었던 비결은 우선 많은 사람이 '함께' 일했다는 겁니다. 현대 사회만 해도 혼자서는 무언가 만들어 내기 힘든 구조지요. 아침에 일어나 학교와 학원에 다녀오는 평범한 일상에서도 이 사실을 쉽게 발견할 수 있습니다. 오가는 도로, 타고 다니는 교통수단, 머무는 교실 이 모든 것이 많은 사람의 협동으로 만들어졌으니까요.

이에 과학기술의 발전이 더해졌습니다. 과거에는 단순히 양적인 협동을 통해 만리장성이나 피라미드 같은 거대한 건축물을 만들 수 있었지만, 지금은 그저 육체노동만으로는 스마트폰을 만들어 낼 수 없습니다. 과학기술의 발전이 뒷받침되어야 하죠.

또 시장경제를 한 가지 비결로 꼽을 수 있습니다. 시장경제는 누구나 자유롭게 물건 또는 서비스를 사고팔 수 있는 경제 체제입니다. 다른 사람보다 좋은 물건, 뛰어난 서비스를 내놓으면 훨씬 많이, 비싼 값에 팔 수 있죠. 커다란 부를 이룰 수 있는 겁니다. 시장경제는 인간의 욕심을 부추겨 세상에 없던 것들을 자꾸만 만들어 내게 했습니다. 어찌 보면 인간의 욕심이 도시와 국가를 발전시킨 원동력이 된 셈이네요.

민법의 3대 원칙은 이러한 시장경제를 뒷받침하고 있습니다. 사람과 사람 사이에서 일어나는 일을 정리한 법률이 바로 '민법'이에요. 현대 민법에는 세 가지 원칙이 있습니다. 누구든지 자기 의사에 따라 권리와 의무 관계를 만들어 내는 계약 자유의 원칙, 그런 계약에서 얻는 개인의 재산을 국가라도 함부로 간섭하지 못한다는 소유권 절대의 원칙, 일부러 또는 실수로 다른 사람에게 손해를 끼쳤다면 물어 줘야 한다는 과실 책임의 원칙이지요.

상품과 서비스의 주인은 누구?

우주 최강 빌런에게 맞서 슈퍼 히어로들이 힘을 합쳐 싸우는 영화를 한번 봅시다. 감동적인 결말에 아쉬워하며 엔딩 크레딧에 나오는 쿠키 영상을 기다립니다. 영화를 함께 만든 사람들의 이름이 하나둘 차례로 올라가지요. 주연 배우를 시작으로 조연 배우, 감독, 카메라 감독, 흥미로운 각본을 만들어 낸 작가, 특수효과 담당자, 의상 디자이너, 장소를 섭외한 사람, 이런저런 이유로 영화에 도움을 준 사람들의 이름이 끝도 없이 이어집니다. 참 많은 사람이 함께했네요. 그렇다면 이 '영화'라는 상품의 소유주, 즉 주인은 누구일까요? 네, 바로 영화사입니다.

이처럼 현대 사회는 상품 또는 서비스를 만드는 데 다양한 역할을 하는 많은 사람이 필요합니다. 그러나 대부분은 이 많은 사람이 소속된 회사만이 외부에 드러나죠. 자동차나 스마트폰 같은 첨단 제품을 만들거나 배달 음식 앱처럼 특별한 서비스를 제공하는 일도 마찬가지입니다. 현대 자동차, 갤럭시 스마트폰, 배달의 민족이라고 하잖아요. 그 회사의 '누가' 디자인을 했는지, '누가' 성능을 개발했는지는 잘 모릅니다. 대체로 회사라는 주체만 드러나지요.

'법인法人'이라는 단어를 가끔 들어 봤을 거예요. 어떤 회사에서 자동차를 산다고 생각해 보세요. 차와 관련된 많은 사람 중에 누구를 상대로 해야 할까요? 거래할 때 발생하는 여러 복잡한 문제를 해결하기 위해 법은 회사 자체를 인격을 가진 하나의 사람人으로 칩니다. 법인과 구별하기 위해 원래의 사람을 '자연인'으로 부르고요(복잡한 도시를 떠나 깊은 산속에 사는 사람을 가리키는 게 아닙니다).

가만히 들여다보면 법인과 자연인은 비슷한 구조를 갖추고 있습니다. 사람의 두뇌에 해당하는 경영진이 있고 사람의 얼굴처럼 회사를 대표하는 사장이 있습니다. 두뇌의 명령을 행동으로 옮기는 몸통이 있는 것처럼, 회사에는 각각의 업무를 담당하는 사람들이 있습니다. 역할은 아주 다양합니다. 어떤 제품을 만들지 기획하는 일, 제조하기 위해 공장을 돌리는 일, 또 만들어진 제품을 외부에 판매하는 일 등이 있습니다. 그런 일들을 각자의 자리에서 원활하게 할 수 있도록 관리하고 조율하는 역할도 필요하고요. 사람이라면 손, 발, 각종 장기에 해당하겠죠.

이렇게 법인을 이루고 있는 사람들 대부분이 근로자입니다. 직업의 종류와 관계없이 사업이나 사업장에 노동력을 제공하고 그 대가로 임금을 받는 사람을 근로자라고 하는데요, 임금을 많이 받든 적게 받든 똑같습니다. 사무실 컴퓨터 앞에 앉아 키보드와 마우스로 일을 하든 공장에서 돌아가는 기계를 조작하며 땀 흘려 일을 하든 똑같은 근로자이죠. 정신노동과 육체노동을 가리지 않습니다.

근로자의 날
5월 1일

A라는 자동차 회사가 있다면, 자동차 만드는 일을 하는 건 A입니다. A가 그 일을 하기 위해 사람들의 노동력을 사는 겁니다. 근로자의 노동력을 제공받는 대상이 사용자인데요, 보통 회사를 대표하는 사장이 사용자 역할을 합니다. 물론 때에 따라 법인이 아니라 자연인인 개인의 이름으로 사업을 하기도 하는데, 그런 경우에는 개인 대 개인이 사용자와 근로자로 나뉩니다.

근로자를 보호하기 위한 제도

지금처럼 발전한 세상을 만드는 데에 시장경제가 중요한 역할을 했다고 앞서 말했습니다. 민법의 3대 원칙 중 계약 자유의 원칙이 시장경제를 뒷받침합니다. 근로자는 노동력을 제공하고 사용자는 그 노동에 대한 대가로 임금을 지급하는 계약을 하죠. 그런데 이 계약에 국가가 개입하지 않고 마냥 자유롭게 둘 수는 없습니다. 부작용이 있거든요. 주위를 둘러보세요. 직장이라고 하면 대개는 회사, 그러니까 법인인 사용자가 많습니다. 자연인인 개인과 비교하면 몸집이 큽니다. 힘이 훨씬 세죠. 그런 관계에서 자유롭게 계약하도록 내버려 둔다면 현실에서는 힘없는 자연인이 손해를 보기 십상입니다.

욕심이 그 자체로 나쁠 건 없다고 했잖아요. 그런데 회사가 욕심을 부리다 보면 개인의 희생을 강요할 수 있습니다. 대기업을 생각해 보세요. 과학기술의 발달과 함께 규모가 커지고 하는 일도 복잡해졌습니다. 한 회사에 소속된 사람도 엄청나게 많아졌고요. 사장님이 직원 한 사람, 한 사람을 인간적으로 아는 일도 불가능합니다. 얼굴보다는 이익과 손해를 따지는 숫자로만 직원을 대하게 되지요. 그래서 임금을 제대로 주지 않거나 위험한 환경에 보호 장비 없이 내몰기도 합니다. 잠깐은 회사가 이익을 얻을 수 있을지 모르지만, 사회와 국가 전체 입장에서는 손해입니다. 우리는, 국민은 대부분 근로자니까요. 근로자가 약해지면 기업의 활동 무대인 시장도 약해질 테니까요.

국가의 개입이 필요한 상황인 겁니다. 우리 헌법은 근로자를 보호하기 위해 근로의 권리를 기본권의 하나로 정해 놓았습니다. 말로만 아니라 국가가 나서서 일자리를 늘리고 적정한 임금도 보장하도록 했습니다. 누구에게든지 일을 시키려면 적어도 한 시간에 얼마를 줘야 한다고, 해마다 최저임금을 정하도록 헌법에서 그렇게 못 박아 두었습니다.

〈헌법 제32조〉
① 모든 국민은 근로의 권리를 가진다. 국가는 사회적·경제적 방법으로 근로자의 고용의 증진과 적정임금의 보장에 노력하여야 하며, 법률이 정하는 바에 의해 최저임금제를 시행하여야 한다.

임금이 너무 적은 탓에 그걸로는 인간다운 삶을 꾸릴 수 없어서 근로자가 힘들어진다면 국가 전체 입장에서 손해입니다. 안전성 보

근로자의 날
5월 1일

장을 비롯한 근로 환경 역시 마찬가지입니다. 헌법은 인간의 존엄성을 보장할 수 있는 근로 기준을 법률로 정하라고 했고, 이에 따라 근로기준법이 생겼습니다.

〈헌법 제32조〉
③ 근로조건의 기준은 인간의 존엄성을 보장하도록 법률로 정한다.

특별한 사정이 없으면 언젠가 여러분도 직장을 얻고 근로자가 될 가능성이 큽니다. 그 전에 아르바이트로 경제 활동을 경험할 수도 있을 테고요. 청소년이야말로 대표적으로 보호가 필요한 근로자입니다. 사회 경험이 부족하다는 점을 악용하는 나쁜 사장님을 만날 수 있거든요. 하는 일보다 배우는 게 더 많으니 적게 받는 게 당연하다는 식으로 억지를 부리는 어른도 있습니다. 그러니까 자유로운 계약에만 맡겨 놓을 수 없습니다. 위험하거나 정서적으로 해로운 일을 시키지 말아야 하고, 최저임금을 줘야 하고, 휴식 시간을 보장해 줘야 합니다. 청소년은 모든 부분에서 어른과 똑같이, 아니 더 엄격하게 근로기준법을 적용받는다는 사실을 기억하기 바랍니다.

맞서 싸울 수 있는 근로자의 권리

근로자라는 단어는 방송이나 다른 매체를 통해 부정적으로 다가올 때가 많습니다. 노동조합의 투쟁이나 파업 때문에 어느 지역에

교통이 막히고 시민이 불편을 겪는다는 식이죠. 특정 사업장의 근로자들이 뭔가를 요구하며 일을 안 하는 바람에 관련된 다른 사람들까지 손해를 보고 있다고도 합니다. 사람은 누구나 자신에게 닥친 불편함을 더 크게 받아들이기 마련이므로 속사정을 모른 채 시위하는 근로자들에게 비난하는 시선을 보내기 쉽습니다. 근로 계약서가 있고, 헌법과 근로기준법으로 보호까지 하는데 왜 저러는지 이해가 안 될 수 있습니다.

거꾸로 생각해 볼까요? 보호 대책을 만들어 놨는데도 힘들게 싸움에 나서는 이유가 뭔지 말입니다. 친구끼리 사소한 다툼도 보통은 참을 만큼 참다 터집니다. 싸우면 벌 받는 걸 법으로 정해 놨다고 해서 안 싸우는 것도 아니고요. 근로도 마찬가지입니다. 법이 있는데도 여전히 근로자가 참고 일하기에 너무 가혹한 조건을 회사가 강요할 수 있습니다. 그런 상황이 벌어져도 회사라는 법인은 근로자 한 사람, 한 사람이 상대하기에는 너무나 큰 거인일 수 있습니다.

그럴 때 어느 정도 대등한 입장을 가질 수 있도록 헌법은 근로 3권을 보장합니다. 근로조건의 향상을 위해서라면 단결해서 하나의 단체를 이루고, 단체로 행동해 회사와 맞설 수 있도록 해준 겁니다.

〈헌법 제33조〉
① 근로자는 근로조건의 향상을 위하여 자주적인 단결권·단체교섭권 및 단체행동권을 가진다.

근로자의 날
5월 1일

헌법에서 정해 놓은 조건을 어기지 않는 선에서 근로자는 파업을 통해 자신의 권리를 주장할 수 있습니다.

여러 사람이 뭉치면 그래도 어느 정도 덩치를 갖출 수 있겠죠? 대화와 타협을 시도해 보고, 그래도 안 되면 파업 같은 집단행동을 할 수 있도록 기본권으로 보장하는 겁니다.

파업을 있는 그대로만 보면 법을 어기는 일입니다. 근로를 제공하기로 한 약속을 어기는 채무불이행(채무자가 정당한 이유 없이 채무의 내용대로 하지 않는 행위)이고, 회사 일을 방해하는 업무방해죄가 될 수도 있거든요. 그렇지만 헌법은 근로자를 보호하기 위해 근로 3권으로 책임을 면제해 주는 결단을 내린 겁니다. 물론 엄격한 조건이 있습니다. 노동조합처럼 단체 교섭을 할 수 있는 정당한 주체가 나서야 하고요, 근로조건의 향상을 위한 목적으로 사용자에게 구체적으로 요구했는데도 거부당했을 때만 가능합니다. 수단과 방법 역시 폭력적이면 안 되고요. 무작정 비판하기 전에 어떤 파업인지부터 먼저 따져 봐야 하겠지요?

현대 사회는 경제 규모가 커지고 복잡해진 만큼 근로자들이 맡는 일도 다양합니다. 전문 기술·지식을 갖고 있거나 오래 일해서 숙련되었다면 더욱 높은 임금을 받을 수 있고 원하는 직장을 얻을 가능성도 커집니다. 그러다 보면 스스로 근로자라는 사실을 잊는 일이 생깁니다. 이를테면 육체노동을 하는 사람에게나 국가의 보호가 필요하다고 착각하는 것이죠. 최저임금이니, 근로 3권이니 하는 것들이 나와는 상관없다고 여길 수도 있습니다. 하지만 최저임금이 있어야 그보다 높은 임금이 얼마인지도 정할 수 있어요. 상대적으로 좋은 대우를 받는 일 역시 최소한의 기준이 필요합니다. 바닥이 너무 낮으면 그 위에 올라선 모든 사람의 위치가 낮아질 수밖에 없으니까요.

불투명한 미래를 위한 안전장치

땀 흘려 일한 만큼 정당한 대가를 받는 일은 건강한 사회와 국가의 기본입니다. 노동의 가치를 존중해야 경제가 원활하게 돌아갈 수 있을 테니까요. 그런데 솔직히 일하기 좋아하는 사람은 많지 않을 겁니다. 성경은 인간이 에덴동산이라는 낙원에 살았는데 죄를 짓는 바람에 쫓겨났다고 합니다. 죄를 지은 대가로 평생 땀 흘려 일하게 되었다고요. 일하지 않아도 되는 곳이 낙원이었다니, 거꾸로 생각하면 인간은 태초부터 일하기 싫어했던 거네요.

더구나 누군가는 부동산, 주식 같은 재테크 수단을 통해 일하지 않고도 짧은 시간 동안 큰돈을 벌기도 합니다. 재테크는 경제의 한

부분이기에 알아 둬야 할 필요가 있죠. 근로자 역시 종잣돈을 모아 투자할 수 있고, 자신의 사업을 시작할 수 있습니다. 성공하면 더 이상 힘들게 일하지 않을 수도 있겠지요.

하지만 그 종잣돈을 모으려면 오랫동안 근로자로 일해야 합니다. 근로자의 권리를 소홀히 하지 말아야 하는 이유죠. 거기에 더해 근로 환경이 빠른 속도로 변하고 있다는 점도 알아야 합니다. 인공지능AI이 사람의 일자리를 빼앗고 있다는 얘기를 들어 봤을 거예요. 단순 반복적인 사무는 물론 변호사·의사 같은 전문직 자리도 넘본다고 합니다. 무인 자동차의 시대가 오고 있다고도 하고요. 그럼 택시, 버스, 화물차를 운전했던 근로자들은 어떻게 되는 걸까요? 과학 기술이 어떤 변화를 가져올지는 아무도 모릅니다. 아예 없어지는 직업도 있을 테고, 새로운 직업이 생기기도 할 겁니다. 같은 일일지라도 하는 방식이나 대가가 달라질 수 있고요. 지금은 고소득 전문직이지만 미래에는 단순 노동직으로 바뀔 수도 있습니다.

일하기 싫은 인간의 욕망이 발전의 원동력이 되기도 했습니다. 무거운 짐을 나를 때 힘을 덜 쓰기 위해 중장비를 만들었고 복잡한 계산을 쉽게 하려고 컴퓨터를 만들었죠. 집에 있는 세탁기, 냉장고, 청소기 같은 가전제품이 죄다 그런 목적 아닌가요? 어쩌면 사람의 일자리가 줄어드는 건 당연한 미래인지도 모릅니다. 그러려고 문명이 발전해 온 셈이니까요.

언젠가는 정말로 사람이 일하지 않고도 편하게 살 수 있을지 모릅니다. 노동은 기계에 맡기고 인간은 스포츠나 예술을 하면서 사는 거죠. 하지만 그런 날이 오기 전에 근로자가 고통을 겪을 수도 있습니다. 극소수 부자의 부와 자유를 위해 다수의 근로자가 희생될 수도 있고요. 디스토피아를 그린 SF 영화에서처럼 기계의 지배를 받는 세상이 올 수도 있습니다. 지금부터 근로자의 권리를 보장하고 다 함께 인간다운 삶을 살도록 노력한다면, 암울한 미래에서 우리를 구출할 슈퍼 히어로는 필요 없을 겁니다.

근로 계약을 맺은 당사자들이 계약 자유의 원칙을
고집하도록 하지 않고 적극적으로 근로자를 보호하는
이유는 뭘까요?

tip

#최저임금제 통해 #근로의 권리 보장 #인간다운 삶 향유
#단결권, 단체교섭권, 단체행동권

다른 나라는 어때?

세계의 노동절

19세기 말 미국 노동자들은 건강을 위협받을 만큼 열악한 상황에서 생계를 유지하기 힘든 보수를 받고 일했습니다. 참다못한 노동단체들은 하루 8시간만 일하게 해달라며 파업에 나서기로 했지요. 1886년 5월 1일 미국 전역의 노동자들이 일손을 멈췄습니다. 이틀 뒤인 5월 3일 시카고에서는 무려 21만 명에 가까운 노동자들이 경찰과 충돌을 일으켜 유혈 사태가 벌어지기도 했고요.

3년 뒤인 1889년 프랑스 파리에서는 국제 노동단체가 만들어졌습니다. 그리고 미국 노동자들의 투쟁을 기념하고, 노동 환경 개선을 위해 전 세계 노동자들이 단결하자는 날로 5월 1일을 선언했습니다. 이를 계기로 1890년부터 각국에서 노동절, 즉 메이 데이(May Day)를 기념해 오고 있지요.

5월
May

10

유권자의 날

투표하지 않으면 생기는 일

우리나라의 첫 민주 선거인 1948년 5월 10일 국회의원 총선거를 기념해 제정한 날입니다. 이날 뽑은 국회의원들이 국회를 구성해 독립 이후 첫 번째 헌법을 만들었는데요, 그 헌법에 따라 대한민국 정부가 출범하게 되었습니다.

선거로 국민의 의사를 모아 이룩했던 그 과정이 바로 "대한민국의 주권은 국민에게 있고, 모든 권력은 국민으로부터 나온다"라는 헌법의 원칙을 구현하는 일이었습니다. 5월 10일은 우리나라에서 민주주의 정치가 출발한 날인 셈이죠. 선거의 중요성과 의미를 되새기고 주권 의식을 높이기 위해 2012년부터 공직선거법에 따라 기념일로 정했답니다.

투표를 왜 해야 할까요?

대한민국이라는 나라를 움직이기 위해서는 정말 많은 의사 결정이 필요합니다. 한번 떠올려 볼까요. 다른 나라가 함부로 침범할 수 없는 튼튼한 국방은 기본입니다. 범죄가 일어나거나 사람들끼리 생긴 다툼을 해결하기 위해 경찰·검찰·법원이 있어야 하고요. 자유로운 왕래를 위해 도로와 신호 체계를 유지해야 합니다, 미래를 담당하는 학교와 교육과정도 설계해야 하지요. 전기, 수도, 의료처럼 개인에게만 맡길 수 없는 일도 셀 수 없이 많아요. 더구나 현대 국가는 태어나서 세상을 떠날 때까지 국민의 인간다운 삶을 보장하는 복지 국가를 지향합니다. 이 모든 일을 어떻게 운영할지, 필요한 세금은 얼마인지 정해야 합니다.

여럿이 무언가를 결정할 때 흔히 다수결에 따릅니다. 그 과정에서 각자의 의견을 소리 높여 주장하기도 하고요. 그리고 보통은 더 많은 사람이 찬성한 쪽의 의견을 따릅니다. 너무 당연하게 여기고 있지만, 왜 다수결로 하는 걸까요? 그건 바로 모두가 평등하다는 의식이 깔려 있기 때문입니다. 시키는 대로 해야 하는 주종 관계라면 그럴 필요가 없죠. 모든 사람이 주인이기에 그렇게 하는 겁니다. 국민이 나라의 주인인 민주주의 사회에서 살고 있다는 고마운 현실이 일상생활에서도 드러나는 거죠.

민주주의의 기원으로 꼽히는 고대 그리스에서는 법을 만들고 국가를 운영하는 모든 일을 유권자의 직접 투표로 결정했다고 합니다. 이러한 형태를 직접 민주주의라고 하는데요, 그게 가능했던 이유가 있습니다. 일단 도시 국가라서 인구가 적었고요, 성인 남자에게만 투표권을 줬습니다. 여성·외국인·노예는 제외했죠.

고대 그리스 이후 긴 세월 동안 인류 역사에서 민주주의는 잊혔습니다. 왕과 귀족으로 대표되는 소수의 사람이 국가를 운영했지요. 그들만이 국가의 주인이고, 국민은 일방적인 결정을 따라야 했습니다. "짐이 곧 국가다"라는 말이 그래서 나왔던 겁니다. 그런 사회에서 다수결은 자연스럽지 않았지요.

민주주의를 되찾는 일은 곧 국가를 운영하는 의사 결정권을 국민이 갖는 일이었습니다. 1848년에 귀족·성직자와 동등한 한 표의

유권자의 날
5월 10일

가치를 주장하며 일어난 프랑스 혁명이 그랬습니다. 성인 남자만 투표권을 가졌던 고대 그리스에서 한발 더 나아가 1898년 우리나라에서 여성의 참정권을 주장한 '여권통문'이 발표되었습니다. 1913년 영국에서는 여성 운동가 에밀리 데이비슨이 여성의 투표권을 요구하며 달리는 경주마에 뛰어들어 숨지기도 했고요. 미국에서도 마틴 루서 킹 목사를 비롯한 인권 운동가들의 오랜 투쟁 끝에 1966년에 유색인종을 투표에서 배제하지 않도록 했습니다. 모든 국민이 국가의 주인일 수 있는 권리는 거저 주어지지 않았습니다. '민주주의의 꽃'이라고 부르는 선거는 많은 사람이 흘린 피에서 피어났지요. 투표하지 않는다면 스스로 주인이기를 포기하는 것입니다.

국민의 뜻을 모으는 길

대한민국은 고대 그리스와 비교할 수 없을 만큼 큰 국가입니다. 운영하는데 필요한 결정이 너무나도 많죠. 모든 국민이 투표권을 갖지만, 모든 국민이 모든 사안에 '직접' 의사를 밝힐 수는 없습니다. 선거를 통해 대리인을 뽑고, 그 사람들이 다시 민주적 절차를 거쳐 나랏일을 처리하죠. 이러한 형태를 '대의 민주주의'라고 합니다. 국민이 간접적으로 정치에 참여하기 때문에 '간접 민주주의'라고도 하고요. 헌법에 따르면 선거권은 모든 국민이 가지는 기본권입니다. 만 18세 청소년부터 선거권을 행사할 수 있지요.

시험을 치르지 않고 투표로 뽑힌 공무원을 '선출직 공무원'이라고 합니다. 선출직 공무원에게 맡기는 역할은 다양합니다. 가장 먼저 국회의원이 있죠. 이들은 법을 만드는 기관인 국회를 구성합니다. 보통·평등·직접·비밀 선거에 따라 다수결의 원칙으로 뽑힌 국회의원들이 4년 동안 다수결의 원칙으로 법을 만듭니다.

〈헌법 제41조〉
① 국회는 국민의 보통·평등·직접·비밀선거에 의하여 선출된 국회의원으로 구성한다.

〈헌법 제49조〉
국회는 헌법 또는 법률에 특별한 규정이 없는 한 재적의원 과반수의 출석과 출석의원 과반수의 찬성으로 의결한다. 가부동수인 때에는 부결된 것으로 본다.

법은 모든 국민이 지켜야 할 약속입니다. 대한민국을 어떻게 운영할지 그 방법과 내용에 관해 일차적으로 일치된 의견을 모으는 것이죠. 국민은 선거를 통하여 대한민국을 대표해 법에 따라 큰 방향을 잡는 대통령을 뽑고요, 매일의 삶에서 일어나는 가까운 일들을 지방자치단체장과 지방의회 의원에게 맡깁니다. 2007년부터는 17개 광역자치단체의 교육에 관한 사무 역시 선거를 통해 선출한 교육감이 맡고 있죠. 대의제에서 국민의 의사를 조금이라도 더 꼼꼼하게 반영하려는 노력인 겁니다.

유권자의 날
5월 10일

아무리 그래도 4~5년에 한 번씩 돌아오는 선거만으로는 부족하다고 느낄 수 있습니다. 뽑아 놓은 사람들이 서로 다른 의견을 내세우다 보면 결정하기 어렵기도 하고요. 그러다 국가의 방향이 갈팡질팡할 수도 있습니다. 그래서 선거 기간이 아닐 때도 국민의 뜻을 모으는 일을 계속해야 합니다. 비슷한 정치적 입장을 가진 사람들이 모여서 만든 단체를 정당이라고 하는데, 정당은 선거 기간이 아닐 때에도 어떤 정책이 필요할지 꾸준히 연구합니다. 정치에 관심이 높은 국민이라면 정당에 가입해 국가 운영에 반영될 의견을 더할 수 있어요. 그렇게 준비된 상태에서 선거하면 누구에게 일을 맡길지 유권자가 정하기 수월합니다.

예외적으로 국민의 의사를 직접 묻기도 하는데요, 우선 중요한 국가적 사안을 국민이 직접 결정하는 '국민투표'가 있습니다(대표를 뽑는 일이 아니기 때문에 선거라고 부르지 않아요). 우리나라에서는 헌법을 바꿀 때 최종적으로 국민투표를 합니다. 외교·국방·통일처럼 중요한 정책에 관한 안건을 대통령이 국민투표에 부칠 수도 있습니다. 선거로 뽑은 대표가 일을 제대로 못하면 자리에서 물러나게 하는 국민소환도 있는데요, 우리나라에서는 지방자치단체장, 지방의회 의원, 교육감을 대상으로 삼을 수 있습니다. 그 밖에 국민이 직접 법률안을 국회에 제출하는 국민발안이라는 제도가 있지만 우리는 시행하고 있지 않습니다.

그런가 하면 다른 방법으로 간접 민주주의를 보완할 수도 있습니다. 모든 사람의 의견을 모으기 어려워서 등장한 것이 대의 민주주의잖아요. 그런데 요새는 과학기술이 발달한 덕분에 동시에 많은 사람의 의견을 모으는 게 가능해졌어요. 예를 들어 문재인 정부 때 운영되었던 청와대 국민청원이라는 제도가 있는데요, 청와대 홈페이지에 청원을 등록하고 30일 동안 20만 개 이상의 동의를 받으면 정부나 청와대 관계자들이 청원에 대한 답변을 제공하는 방식이었어요. 인터넷을 통해 정부와 국민이 직접 소통할 수 있었지요.

나 하나쯤 빠진다고 큰일 나겠어?

선거일은 임시 공휴일입니다. 국민이 편하게 투표할 수 있도록 배려한 것이죠. 그런데 일단은 노는 날이라는 생각이 먼저 들기 마련입니다. 학교나 직장을 쉴 수 있는 황금 같은 날이죠. 느지막이 일어나 게으름을 피우거나 놀러 가고 싶을 겁니다. 투표소를 찾아 줄을 서고, 누군가의 이름에 도장을 찍는 일이 생각보다 귀찮을 수 있어요. "한 사람쯤 빠진다고 뭐가 달라지겠어?"라고 속삭이는 달콤한 목소리가 들리는 듯하네요.

특히 청소년·청년층의 투표율이 낮다는 얘기를 들어 본 적이 있을 겁니다. 10대와 20대 그리고 30대는 다른 세대보다 늘 투표율이 낮게 나옵니다. 몇 가지 이유를 생각해 보면, 일단 대통령이나 국회의원 후보가 내놓은 공약이 별로 와닿지 않을 겁니다. 집값을 안정

시키고, 세금을 줄이고, 아이 키우기 좋은 환경을 만든다… 선거 때마다 단골로 등장하는 공약들인데요, 청소년·청년층에겐 별로 와닿지 않을 수 있습니다. 그보다는 대학 입시와 취업이 급할 때니까요.

그런데 여기에 함정이 있습니다. 나와 무관한 정책이라고 해서 투표를 하지 않는다면 곧 다가올 미래를 대비하지 않는 거나 다름없습니다. 모든 정책은 다 연결되어 있기 때문입니다. 취업을 하려고 해도 우선 좋은 직장이 많이 있어야 하거든요. 게다가 후보로 나온 사람으로서는 투표율이 낮은 세대를 위한 정책 개발에 소홀하기 쉽습니다. 바라봐 주지 않는 사람을 짝사랑할 이유가 없으니까요. 그럼 당장 청소년·청년층에게 필요한 정책이 있다 하더라도 만들어지지 않겠죠? 서로를 외면하는 악순환이 일어나는 셈입니다. 이 악순환의 고리를 끊을 힘은 바로 '유권자'에게 있습니다.

가장 많은 표를 받는 사람이 뽑히는 다수결의 원칙으로 선거는

공정한 선거를 위해
선거관리위원회에서
철저한 준비를 합니다.

결정됩니다. 비슷한 정책을 원하는 사람들이 많으면 거기에 맞는 사람이 뽑히는 거고요. 지는 쪽에 투표했다고 해서 무의미한 것은 아닙니다. 이겨서 대표를 맡게 된 사람을 여전히 반대하는 사람들이 있고, 또 다음 선거도 있으니까요.

이쪽도 저쪽도 다 싫은 입장을 표현하기 위해 기권표를 던진다고 말하는 사람들도 있습니다. 그런데 기권표를 던진다고 해서 그 사람의 입장이 전달될까요? 아닙니다. 그가 뭘 원했는지는 본인 외에는 아무도 알 수 없습니다. 기권표는 아무 의미 없이 그냥 버려지는 표일 뿐입니다. 혼자 투표하기 싫으면 비슷한 생각을 가진 주변 친구를 찾아 설득해 보세요. 그렇게 의견이 모이고 모여 나라의 주인으로서 의사를 형성하고, 대표로 하여금 정책을 만들도록 하는 것이 민주주의입니다.

어떤 사람을 뽑아야 할까?

선거철이 되면 길거리에 뭐가 많이 보이고 많이 들립니다. 일단 엄숙한 표정으로 지지해 달라고 호소하는 얼굴들이 벽보에 붙습니다. 후보와 선거 운동원이 지하철 입구 같은 곳에서 악수를 청해 오고요. 요란한 노래를 틀며 시끄럽게 선거 운동을 하는 차량도 있습니다. 우체통에 꽂힌 선거 공보(선거 후보자의 경력·공약 따위가 실린 문서)를 본 적 있을 텐데요, 웬만한 학습지만큼이나 두툼합니다.

유권자의 날
5월 10일

정보가 너무 많아서 오히려 혼란스럽기도 할 거예요.

그렇다면 어떤 사람을 뽑아야 할까요? 대의제 민주주의는 '나'를 대신할 사람을 뽑는 거라고 앞서 말했지요? 그러면 우선 내 입장을 가장 잘 반영해 줄 수 있는 후보를 한번 찾아보세요. 학생이라면 학생 입장을, 직장인이라면 직장인 입장을 잘 대변하는 후보를 뽑아야 할 겁니다.

그렇다면 자신의 입장이 뭔지 구체적으로 살펴볼까요? 매일 살면서 겪는 다양한 일에 대해 곰곰이 생각해 보세요. 정치란 막연하고 추상적인 것이 아니라, 생활의 문제를 다루는 일입니다. 학교 다니는 길은 불편하지 않은지, 수행 평가하는 방법은 과연 공정하고 옳은지, 급식은 영양가 있게 잘 나오는지, 바꾸면 좋을 것은 또 없는지… 이 모든 일이 대한민국을 운영하는 공적인 일입니다. 또는 후보들이 내세우는 공약 중에서 나와 관련된 것들을 찾아보는 것도 한 방법입니다. 사느라 바쁜 사람들을 대신해 사회 문제를 고민하는 것이 그들의 일이니까요.

한 가지 꼭 주의할 점이 있는데요, 너무 쉽게 한쪽의 주장에 혹하지 말아야 한다는 거예요. '확증 편향'이라는 용어를 혹시 들어 본 적 있나요? 자신이 보고 싶은 것만 보고, 듣고 싶은 것만 듣는 현상을 말합니다. 확증 편향에 빠지면 균형 잡힌 의견을 갖기 어려워요. 신문, 방송뿐 아니라 유튜브, 트위터 등 새롭게 등장한 매체들은 이 확증 편향을 부추기는 경향이 있습니다. 유튜브에서 좋아하는 연예인 영상을 몇 번 보고 나면 비슷한 영상이 계속 추천되는 알고리즘을 겪어 봤을 거예요. 이런 식으로 한쪽에 치우친 정보만 주입받다 보면 내 의견 역시 한쪽으로 치우치게 될 수 있습니다.

배달 앱으로 음식을 시킬 때도 참 따져 볼 게 많습니다. 사장님이 자랑스럽게 써놓은 홍보 문구도 있고요, 그럴듯하게 찍힌 사진도 보입니다. 재료는 어떤 걸 썼는지도 알 수 있죠. 이미 먹어 본 다른 사람들의 리뷰와 별점도 빼놓을 수 없는데, 리뷰를 가장한 광고인지 걸러 보는 안목도 필요합니다. 나를 대신해 대한민국을 이끌, 나의 미래를 책임질 사람을 뽑는 선거에 음식을 주문하는 것 이상의 정성은 쏟을 수 있겠죠?

청소년과 청년이 정치에 관심 갖지 않고 선거에도
참여하지 않는다면 어떤 문제가 생길까요?

tip

#나의 미래 #일상에서 다양한 문제를 겪게 돼
#청년을 위한 정책이 없어

다른 나라는 어때?

세계 여성의 날

1908년 3월 8일 미국에서는 열악한 작업장에서 일하다 숨진 한 여성을 기리기 위해 여성 노동자들이 거리로 나섰습니다. 그들은 "빵과 장미를 달라"고 외쳤습니다. 빵은 생존권을, 장미는 참정권을 뜻합니다. 이들은 하루 12시간이 넘는 노동에 시달리면서도 남성의 절반에 불과한 임금을 받았습니다. 그리고 노동조합을 만들거나 투표를 하는 것처럼 자신의 정치적 의사를 밝히는 일이 허용되지 않았습니다.

미국 여성은 결국 1920년에야 선거권을 가질 수 있었죠. 다른 나라들 역시 상황은 비슷했고요. 유엔은 1977년 이날을 '세계 여성의 날'로 지정했습니다. 우리나라도 2018년부터 국가기념일로 정했고요. 투표권이 우리에게 어떻게 주어졌는지를 생각해 보면, 귀찮다고 포기하기엔 너무 소중한 권리임을 알 수 있습니다.

5월
May

18

5·18 민주화운동 기념일

시민의 힘과 언론통제, 그리고 재평가

5·18 민주화운동 기념일은 1980년 5월 18일부터 27일까지 광주를 중심으로 일어난 대규모 민주화운동을 기념하는 날입니다. 당시 군사 쿠데타 세력이 권력을 장악하기 위해 전국에 비상계엄(전쟁, 내란 등 국가 비상사태에 질서를 유지하기 위해 군대를 동원하는 것)을 내리고 대학의 문을 닫았는데요, 이에 저항한 전남대학교 학생들과 계엄군이 충돌하면서 5·18 민주화운동이 벌어졌습니다.

1993년 군사정권이 물러나고 문민정부가 출범하면서 국가 차원의 재평가와 각종 기념사업이 이루어졌는데요, 민주주의를 지키기 위해 싸웠던 그날을 1997년 5월부터 국가기념일로 제정했습니다. 대한민국을 넘어 세계인의 가슴에 담을 만한 날이기에, 2011년에는 유네스코가 5·18 민주화운동 기록물을 세계기록유산에 등재하기도 했습니다.

5월 18일, 그날의 광주

아무 말도 할 수 없었습니다. 살려 달라고 손짓, 발짓했지만 돌아온 것은 무자비한 군홧발이었습니다. 침묵이 저항으로 보였던 것인지, 군인들은 입을 열라며 몽둥이질을 했습니다. 그저 친구들과 함께 점심을 먹고 돌아가는 길이었던 김경철 씨는, 청각 장애로 말을 하지 못했던 그는 비명 한번 못 지르고 죽어야 했습니다.

1979년 대한민국은 큰 혼란에 빠집니다. 18년 넘게 권력을 차지했던 박정희 전 대통령이 피살당했거든요. 이제 독재에서 벗어나나

싶었는데, 전두환을 선두로 한 군인 세력이 다시 쿠데타를 일으켰습니다. 전두환은 1980년 5월 17일 전국에 비상계엄을 확대했습니다. 국회를 해산했고 유력 정치인들을 감옥에 가뒀습니다. 민주주의를 외치는 학생들의 입을 막기 위해 대학의 문을 닫으라고 했죠.

이튿날 광주 전남대학교 학생들은 휴교령에 반대하며 플래카드를 들고 교문을 나섰는데요, 교문 밖에서 그들을 맞이한 것은 계엄군이었습니다. 그들은 처음부터 강하게 진압해야 한다는 방침을 세우고 학생들에게 폭력을 휘둘렀습니다. 계엄군은 낙하산을 타고 적진 깊숙이 침투하는 공수부대입니다. 그런데 이번에는 적군이 아니라 학생들을 공격했죠. 보다 못한 일반 시민들도 시위에 참여했어요. 그러나 계엄군은 여전히 폭력으로 맞섰습니다. 그 와중에 김경철 씨가 붙잡혔고, 묻는 말에 대답하지 않는다는 이유로 마구 때려 숨지게 했던 겁니다.

광주 시민들은 굴복하지 않았습니다. 분노했습니다. 다음 날인 5월 19일부터 시위에 참여하는 사람이 더 많아지기 시작했습니다. 군인들은 몽둥이와 총검으로 시민들을 피투성이로 만들었어요. 상황은 걷잡을 수 없이 심각해져서, 시민들에게 집단 발포를 하기에 이르렀습니다. 5월 21일에는 함께 모여 애국가를 부르고 있는 시민들에게 총탄이 수백 발 쏟아졌고, 헬리콥터 사격까지 있었습니다. 그날에만 최소 54명이 목숨을 잃었습니다.

결국 시민들도 총을 들었습니다. 목숨을 걸고 저항하는 광주에서 계엄군은 일시적으로 물러났지요. 이미 폐허가 된 도시는 죽음과 슬픔으로 가득 찼습니다. 그러나 시민들은 절망하지 않았습니다. 자율적으로 질서를 되찾고 주먹밥을 나눠 먹으며 서로 용기를 북돋웠지요. 그러나 그것도 잠시, 탱크를 앞세운 군인들은 5월 27일 본격적인 군사 작전을 펼쳐 광주를 무참히 짓밟았습니다. 전남도청에서 마지막까지 저항하던 시민 16명이 목숨을 잃었고 200명 가까이 붙잡혔습니다. 5월 18일부터 27일까지 열흘 동안 사망한 사람이 160명이 넘었고, 다쳐서 치료받다 사망한 사람은 370여 명에 달했습니다. 믿기 어렵지요? 광주 시내 한복판에 있는 전일빌딩에 가면 270개나 되는 선명한 총탄 자국이 아직도 그대로 남아 있습니다.

침묵했던 언론

5월의 그 열흘 동안 광주는 외롭게 싸웠습니다. 다른 지역 사람들은 광주에서 무슨 일이 일어나고 있는지 알 수 없었거든요. 지금이야 스마트폰이 있어서 인터넷만 연결되면 글·사진·영상으로 어떤 일이든 순식간에 알려집니다. 그러나 그때는 그런 게 없었어요. 일반인에게는 손 편지나 전화 정도가 유일한 통신 수단이었습니다. 계엄군은 일찌감치 광주와 외부를 연결하는 전화를 끊어 버렸습니다. 도로를 모두 막아 나가지도 들어가지도 못하게 했고요. 진실을 알게된 다른 지역의 사람들까지 나설까 봐 그랬던 거예요. 광주 시민들의 목숨을 빼앗았던 총성은 바깥으로 퍼지지 못했습니다.

머릿속에 아마 이런 질문이 떠오를 겁니다. 신문사와 방송국은 그때 뭐 하고 있었냐고요. 언론을 통해 광주 소식이 처음 전해진 것은 5월 21일, 5·18 민주화운동 시작 사흘만이었습니다. 그런데 보도된 내용은 진실과는 한참 거리가 멀었어요. 현실에 불만을 품은 학생들과 깡패들이 광주에 내려가 근거 없는 유언비어를 퍼뜨리는 바람에 '사태'가 일어나 군인과 경찰이 희생당했다고 보도되었어요. '폭도'라는 단어를 쓰는 언론도 있었습니다. 광주 시민들이 목숨 걸고 싸우고 있을 때 언론은 "질서를 되찾기 시작한 광주"라는 식의 황당한 기사를 내보냈습니다.

당시 언론의 왜곡된 보도는 군인의 총칼 못지않게 광주를 아프게 했습니다. 광주가 완전히 계엄군에게 점령되자 '10일 만의 평온'이라는 식의 기사가 쏟아졌습니다. 어떤 일이 왜 벌어졌는지, 민주화를 외치며 얼마나 많은 목숨을 잃었는지는 알려 주지 않았습니다. 오히려 계엄군이 고생했다며 칭찬까지 했죠. 믿어지지 않지요? 지금도 많은 사람이 보는 유명한 신문사 대부분이 그랬습니다. 그때 그 기사들은 고스란히 기록으로 남아 있고요.

광주 시민과 달리 언론은 군인들에게 겁을 먹었던 겁니다. 권력을 견제해야 할 언론이 눈치를 보며 그들에게 유리한 쪽으로 기사를 썼던 거죠. "시민들이 경찰 차량에 불을 질렀다" "군인과 경찰에게 돌을 던져 다치게 했다" "금은방을 습격해 돈을 빼앗아 갔다"라는 식의 가짜 뉴스를 만들었습니다. 그 바람에 군사정권이 물러나고 진실이 밝혀질 때까지 광주는 오랫동안 억울한 누명을 쓰고 지내야 했습니다. 그때의 가짜 뉴스가 진짜라고 믿는 사람들이 아직도 있습니다. 심지어 광주에 북한군이 있었다는 황당한 주장도요. 혹시라도 인터넷에서 가짜 뉴스를 보더라도 절대 속지 말아야 합니다.

목숨을 걸었던 진짜 기자들

그러나 어둠이 빛을 이길 수 없듯, 거짓은 진실을 이길 수 없습니다. 때로는 많은 희생이 따르고 오랜 시간이 필요하기도 하지만요. 공수부대의 총칼에도 움츠러들지 않았던 '진짜' 기자들이 있었습니다. 5·18 민주화운동 당시 그들이 심었던 진실의 씨앗은 싹을 틔웠습니다. 광주의 지역 신문사인 전남매일신문은 광주의 참상을 알리려고 노력했습니다. 시민에게 총부리를 겨눈 계엄군에 관한 기사를 담아 신문을 발행하려 했죠. 실패로 돌아가자 기자들은 모두 사표를 내며 저항했습니다. 그들은 아래와 같은 선언문을 인쇄해 광주 시내에 뿌렸습니다.

"우리는 보았다. 사람이 개 끌려가듯 끌려가 죽어 가는 것을 두 눈으로 똑똑히 보았다. 그러나 신문에는 단 한 줄도 싣지 못했다. 이에 우리는 부끄러워 붓을 놓는다."

목숨을 걸고 사진을 찍은 용감한 기자들 덕분에 광주의 참상을 모두가 알게 되었어요.

당시 전남매일신문 소속이던 나경택 기자는 광주 하늘에 떠 있는 헬리콥터와 장갑차까지 동원해 버스에 탄 시민들이 공격받는 장면, 총에 맞아 쓰러진 시민을 다른 시민이 옮기는 순간 등을 사진에 담았습니다. 카메라를 들고 공수부대 한복판으로 들어갔죠. 진실을 전하기 위해 목숨을 걸었던 겁니다. 유네스코가 세계기록유산으로 지정한 5·18 민주화운동 기록물 중 약 2,000장의 사진을 나경택 기자가 찍었습니다.

찍은 사진을 국내 신문에 실을 수 없었던 나 기자와 동료들은 해외로 눈을 돌렸습니다. 노란 봉투에 담은 몇 장의 사진이 극적으로 바다를 건널 수 있었죠. 사진을 본 외국 기자들은 가짜를 의심했습니다. 사진에 드러난 광주의 참상이 그만큼 충격적이었거든요. 그렇게 5월의 광주는 세계에 알려졌고, 외신 기자들이 찾아왔습니다. 영화 〈택시 운전사〉에 나오는 독일인 기자 위르겐 힌츠페터처럼 말입니다. 외국 언론은 "한국에서 군인들이 군사 독재를 감행하려 한다"라고 보도했습니다. 드디어 진실이 드러나기 시작했지요.

　물론 군인들은 새는 빛을 막으려고 했습니다. 나 기자를 찾아내 사진을 모두 뺏으려고 했죠. 다행히 나 기자가 이미 그런 일을 예상하고 사진을 모두 숨겨 놓았기에 지킬 수 있었습니다. 〈택시 운전사〉에 나오는 것처럼 외신 기자들이 해외로 가져간 사진과 영상도 지울 수 없었고요. 인쇄물로 만들어진 노래와 영상은 대한민국 곳곳에 퍼져 나갔습니다. 진실을 알게 된 국민은 광주를 본받아 민주주의를 되찾기 위해 싸웠고, 결국 군인이 불의하게 잡은 정권을 몰아내는 데 성공했습니다.

시민이 만드는 언론

　5·18 민주화운동 이후 민주주의를 되찾는데 12년의 세월이 걸렸습니다. 그동안 대한민국의 주인은 국민이 아니라 광주를 점령했던 군인들이었지요. 미처 진실을 알지 못하고 광주에 손가락질하는 사람도 있었어요. 나라를 어지럽혔다고 말입니다. 아마 누가 잘못했고, 누가 피해를 봤는지 몰라서 그랬을 겁니다. 역사에 가정은 없다

지만, 전남매일신문 같은 언론이, 나경택 씨 같은 기자가 더 있었더라면 어땠을까요? 국민이 겪어야 했던 고통의 시간이 조금은 줄어들지 않았을까요? 아직도 혼란을 겪고 있는 사람들이 생기지 않았을지도 모르고요.

물론 쉬운 일은 아니었기에 함부로 판단할 수는 없습니다. 당시 신문사와 방송국에는 총을 찬 군인들이 지키고 서서 어떤 뉴스를 내보내고, 어떤 뉴스는 감출지 검열했거든요. 거부하면 감옥에 보냈고요. 5·18 민주화운동이 있을 무렵 기자 24명이 구속되어 재판에 넘어갔고 그중 19명은 유죄판결을 받았습니다. 대신 고분고분 말 잘 듣는 기자들에게는 후한 돈 봉투를 줬고요. 군인들이 언론을 길들인 것이죠. 언론이 얼마나 중요한 역할을 하는지 잘 알고 있었기 때문이에요.

헌법은 다음과 같이 말합니다.

〈헌법 제21조〉
① 모든 국민은 언론·출판의 자유와 집회·결사의 자유를 가진다.
② 언론·출판에 대한 허가나 검열과 집회·결사에 대한 허가는 인정되지 아니한다.

민주주의란 국가를 운영하는 데에 필요한 의사 결정을 주인인 국민이 내리는 정치 체계라고 했습니다. 그러려면 무슨 일이 일어나는지 국민이 정확히 알아야 하고, 다른 사람의 의견은 어떤지 들을 수 있어야 합니다. 그래서 언론·출판을 통한 '표현의 자유'가 중요합니다. 언론사나 기자가 아닌 국민을 위한 권리입니다. 민주주의의 바탕이자 중심이고요.

광주가 남긴 유산 중에는 언론의 소중함도 있습니다. 국민을 속이기 위해 제일 먼저 통제했던 것이 언론이었다는 게 역사적 사실로 남아 있거든요, 언론 보도를 일방적으로 믿고 따르면 위험하다는 점 역시 5·18 민주화운동을 통해 모두 알게 되었지요.

지금은 과거에 비해 훨씬 다양한 매체가 등장했습니다. 우리가 조금만 노력하면 어떤 일이 일어나고 있는지 잘 알 수 있지요. 내가 직접 겪은 일이라면 언론을 통하지 않고도 다른 사람들에게 쉽게 알릴 수 있습니다. 언론이 잘못된 보도를 하면 비판하는 의견을 모을 수도 있고요. 모든 뉴스를 일방적으로 받아들이기보다, 적극적이고 능동적으로 언론을 이용할 때 언론 역시 올바른 길을 갈 수 있습니다. 광주의 비극을 반복하지 않는 하나의 방법입니다.

언론이 권력을 감시하고 견제하는 역할을 하지 않으면서,
잘못된 정보만을 전달한다면 국민은 어떤 상황에
놓일까요?

tip

#한쪽으로 치우친 시각 #국민 사이의 분열
#잘못된 의사 결정 #민주주의가 위험해

다른 나라는 어때?

세계 민주주의의 날

　9월 15일은 유엔이 정한 '세계 민주주의의 날'입니다. 1997년 국제의원연맹IPU
이 민주주의의 날을 만들자고 의결해 유엔에 제안했는데요, 이를 2007년 반기문
당시 사무총장이 받아들였던 겁니다.

　민주주의는 여러 정치제도 중 하나가 아니라 인류의 보편적인 목표이고 이상이
어야 합니다. 인권·자유·평등 같은 모든 인류의 가치를 대화와 타협, 다수결의 원칙
이라는 절차를 통해 이루려는 것이니까요. 세계 민주주의의 날은 민주주의의 참뜻
을 되새기고, 현재의 우리 모습을 비춰 보며 앞으로의 미래를 준비하기 위한 날입
니다.

　하지만 여전히 세계의 민주주의는 위협받고 있습니다. 민주주의를 향유하는
나라들의 숫자가 줄어들고, 권위주의 체제가 늘어나고 있거든요. 그와 함께 자유

5·18 민주화운동 기념일
5월 18일

롭고 독립적으로 올바른 정보를 제공해야 하는 언론의 자유 역시 위축되고 있습니다. 5월의 아픔을 이겨 낸 우리의 경험을 나눠야 할 때입니다. 앞으로는 대한민국이 세계 민주주의의 지킴이가 될 수도 있지 않을까요?

5월
May

셋째 주
월요일

성년의 날

무엇이 우리를 어른으로 만들까?

19세가 된 젊은이들을 국가와 사회가 어른으로 인정하는 날입니다. 개인적인 축하를 넘어 어른으로서의 사회적 역할과 책임을 일깨운다는 의미가 있어서 국가기념일로 삼은 것이죠. 1973년부터 국가 차원에서 성년의 날 기념행사를 해왔고요, 1984년부터는 매년 5월 셋째 주 월요일로 지정하고 있습니다.

성년으로 인정받으면 여러 가지 법적 제한에서 풀려납니다. 부모의 동의가 없더라도 각종 법적인 행위를 할 수 있지요. 결혼도 할 수 있고 술, 담배를 살 수 있습니다. 그러나 무엇보다 중요한 건 그런 행위로 발생하는 결과에 대한 책임도 스스로 져야 한다는 것입니다.

나도 술 마시러 갈 수 있어!

다들 그런 생각 하죠? '스무 살만 되어 봐라, 그동안 미성년자라서 못 했던 일 실컷 해야지!' 곳곳에 붙어 있는 19세 미만 출입 금지 표지가 원망스럽기도 하고, 뭔가 특별한 것이 있을 것만 같은 기대를 주기도 합니다. 그중 하나가 바로 술집인데요, 뭐가 그렇게 맛있길래 어른들끼리만 마시는지 궁금할 수도 있습니다. 너무 단순한 예를 든 거 아니냐고요? 아닙니다. 과거 유교를 따르던 시절에도 성년식에 술과 다식(우리나라 고유 과자의 하나)을 받는 의식이 있었습니다. 초례라고 했는데요, 어른이 되었다는 증거로 술을 마셨던 거죠. 다만 여러분이 상상하는 것과는 의미가 다릅니다. 술을 마셔도 흐트

러지지 않고 절제할 수 있다는 의미였죠. 어른이니까 이제 마음대로 해도 된다는 게 결코 아니었습니다.

법을 따지다 보니 어른에 대해 좀더 낭만적으로 쓸 수 없다는 점에 먼저 양해를 구할게요. 사람과 사람 사이 관계를 다루는 민법의 첫 부분은 이렇게 선언합니다.

〈민법 제2조〉
사람은 생존한 동안 권리와 의무의 주체가 된다.

〈민법 제4조〉
사람은 19세로 성년에 이르게 된다.

〈민법 제5조〉
① 미성년자가 법률행위를 함에는 법정대리인의 동의를 얻어야 한다.
그러나 권리만을 얻거나 의무만을 면하는 행위는 그러하지 아니하다.

누군가와 물건을 거래하기로 했다면 거래 약속을 지키기 위해 각자 해야 할 일들이 있습니다. 돈을 받을 권리, 물건을 넘겨줘야 할 의무처럼 말입니다. 이런 약속은 법적으로도 꼭 지켜야 하므로 '법률행위'라고 하는데요, 사람만이 할 수 있는 행위이지요.

민법 제4조를 보면 어른이 되는 나이를 19세로 정해 놓았습니다. 이어서 미성년자가 법률행위를 하려면 법정대리인의 동의를 얻어야 한다고 제한해 놓았고요. 성년에 이르지 않았다면 사람이라 할지라도 권리와 의무를 마음대로 할 수 없다는 뜻입니다. 부모님이나 조부모님의 허락 없이는 원칙적으로 물건을 사고파는 사소한 법률행위도 할 수 없습니다. 갖고 싶은 게 있으면 부모님 허락을 먼저 받아야 한다고 법으로 정해져 있는 거죠. 만약 용돈을 모아 몰래 사면요? 부모님에게는 취소하고 환불할 수 있는 법적인 권리가 있습니다.

미성년자에 대한 제한은 그뿐만이 아닙니다. '친권'이라고 들어 봤을 거예요. 여러분이 얻게 된 재산, 예를 들어 명절에 친척에게서 받은 용돈 같은 게 있을 텐데요, 부모님은 그걸 여러분 대신 관리할 법적인 권한이 있어요.

〈민법 제916조(자의 특유재산과 그 관리)〉
자가 자기의 명의로 취득한 재산은 그 특유재산으로 하고 법정대리인인 친권자가 이를 관리한다.

어렸을 때 많이 들어 봤을 겁니다. "엄마가 잘 갖고 있다가 나중에 줄게!" 항의하고 싶어도 어쩔 수가 없는 게, 이게 법이에요. 부모님이 이래라저래라 간섭한다고 느낄 때가 있을 텐데, 자녀를 보호하고 잘 키워야 하는 게 부모님의 권리이자 의무라서 그런 겁니다. 하다못해 어디서 살지도 부모님이 정하는 대로 따르라고 법으로 정해져 있어요.

〈민법 제913조(보호, 교양의 권리의무)〉
친권자는 자를 보호하고 교양할 권리의무가 있다.

우리나라에서는
성년이 된 걸 축하하는
의미로 장미꽃
스무 송이와 향수를
선물하곤 합니다.

〈민법 제914조(거소지정권)〉
자는 친권자의 지정한 장소에 거주하여야 한다.

그런데요, 어른이 되면 이 모든 제한으로부터 자유로워집니다.
만세라도 불러야 할까요? 글쎄요. 아직 이른 것 같은데, 한번 자세
히 살펴봅시다.

보호받지 않아도 된다는 말의 의미

아주 어렸을 때를 떠올려 보세요. 어딜 가나 부모님 손을 꼭 잡고
걸어야 했지요. 조금 더 커서 인도와 차도를 구분할 줄 알고 신호등
과 건널목을 지킬 줄 알면 혼자 걸어도 됩니다. 어른이 된다는 건 차
도를 건너는 것보다 훨씬 복잡한 사회에서도 길을 잃지 않을 수 있

다고 법이 인정하는 거예요. 그런데 세상이라는 게 생각보다 진짜 복잡하거든요. 나이만 찼다고 어른이 되는 게 아니라, 진짜 어른으로서 책임감 있는 삶을 살기 위해 많은 준비가 필요합니다.

부모님의 간섭도 없어졌으니 갖고 싶던 명품 신발이라도 질렀다고 해볼까요? 아예 신용 카드를 만들었다고 가정해 봅시다. 신발에 어울리는 옷도 필요할 겁니다. 노트북을 업그레이드하고 보니 최신 스마트폰이 나왔네요. 기왕에 이어폰도 성능 좋은 걸로 바꿉니다. 이것저것 하다 보면 생각보다 큰돈을 순식간에 쓸 수 있어요. 마트에 다녀온 어머니께서 별로 산 것도 없는데, 이만큼이나 썼다고 얘기하시는 걸 들어 본 적 있을 겁니다.

더 심각한 일을 저지를 수도 있죠. 이를테면 주식으로 돈을 불려 보려다 손해만 크게 볼 수도 있습니다. 해결을 못 하면 어떻게 될까요? 국가가 법원을 통해 여러분의 재산에 강제집행을 합니다. 법원 공무원이 여러분의 물건을 가져가서 경매로 파는 겁니다. 그 돈으로 빚을 갚도록 하는 거예요. 당장 여러분이 가진 게 없다면 취업하기를 기다리겠죠. 여러분이 취업하면 취업한 회사로부터 받는 급여를 압류해 갈 겁니다. 높은 이자까지 갚느라 몇 년이고 빚에 허덕일 수 있어요. 자칫 신용 불량자라는 낙인이 찍혀 사회생활 자체가 어려워질 수도 있습니다. 그때가 되면 마음대로 거래할 수 없도록 보호받는 미성년자가 부러워질 수도 있습니다.

물론 19세가 넘어서도 여전히 부모님이 도와줄 수는 있죠. 하지만 그때부터는 부모님에게도 법적 의무는 없습니다. 돌봐 주고 말고는 순전히 부모님의 자유인 거예요. 집에서 함께 살고, 대학에 들어가면 등록금을 내주시는 일은 결코 당연한 게 아니에요. 오히려 거꾸로 부모님이 나이가 들어서 경제 능력이 없어지면, 어른이 된 여러분은 부모님을 부양할 법적 의무가 있습니다.

그래서는 안 되겠지만 살다 보면 범죄에 휘말릴 수도 있습니다. 아무리 사소한 주먹다짐이나 욕을 하더라도 원칙적으로 모두 범죄거든요. 알겠지만 형법은 미성년자에게는 관대합니다. 14세 미만일 때는 아예 형사처벌을 받지 않고요, 14세 이상일지라도 19세를 넘지 않는 한 소년범으로 비교적 가볍게 처벌합니다. 책임을 묻기보다는 미래를 위한 교화(가르치고 이끌어서 좋은 방향으로 나아가게 함)에 더 무게를 두기 때문인데요, 어른이 되는 순간 그런 보호장치는 모두 사라집니다. 아차 하는 순간 범죄자가 될 수도 있습니다.

당연하게 주어지지 않는 일상

소설 《로빈슨 크루소》를 읽어 본 적 있나요? 배를 타고 여행하던 주인공이 폭풍을 만나 무인도에 표류해 28년 동안 혼자 살아가는데요, 그 과정에서 겪은 일들을 기록한 가상의 자서전입니다. 소설 속 주인공과 같은 상황에 놓였다면 어떻게 해야 할지 한번 생각해 봅시다.

당장 하루하루를 버티기 위해 먹을거리부터 마련해야겠죠. 모래

사장을 벗어나 마실 물부터 찾고, 주변 나무의 열매 중 먹을 수 있는 것을 가려야 합니다. 배가 부르다고 늘어져 있을 수는 없습니다. 언제 비바람이 불어닥칠지 모르니까요. 일단은 동굴처럼 피할 곳을 물색하고요, 길게는 구할 수 있는 재료들을 모아서 집의 형태를 만들어야 하겠네요. 매일 살아남는 것 자체만으로 벅찰 겁니다. 야생 동물이나 섬에 사는 원주민을 맞닥뜨리는 상황이 벌어질 수도 있습니다. 로빈슨 크루소는 그럴 수 없었지만, 가능하다면 함께 어려움을 헤쳐 나갈 수 있는 동반자가 있으면 좋을 겁니다.

여러분이 지금껏 살아온 환경에서는 상상도 못 할 일이죠. 마트에서 사 온 과일을 먹을 줄은 알겠지만 어떤 나무에서 어떻게 따는지는 모를 겁니다. 좋아하는 고기를 먹기 위해 살아 있는 동물을 사냥하는 일은 더욱 그렇고요. 지식도, 기술도, 아무것도 모른다는 게 솔직한 말이겠죠. 너무 극단적인 상황을 가정하는 것 아니냐고요? 글쎄요. 여러분을 돌봐 주는 부모님의 상황은 어떨지 생각해 보셨나요? 무인도가 아니라 당장 부모님을 대신해야 한다고 가정하면 더욱 암담할 겁니다.

차이는 있겠지만 삶을 꾸리는 일은 누구에게도 쉽지 않습니다. 기본적인 의식주만 해결하면 되었던 로빈슨 크루소가 부러울 수도 있어요. 지금 누워 있는 우리 집의 아늑함과 평안함을 얻기 위해 얼마만큼 일해야 하는지 구체적으로 따져 본 적이 있나요? 돈을 버는 걸로 끝나는 게 아닙니다. 계획을 세우고 예산을 짜서 당장 필요한 일들, 가까운 미래와 먼 미래를 위한 일들을 해나가야 하지요. 생각지도 못했던 상황이 벌어지기도 합니다. 너무 막연하다면 부모님이 주신 용돈을 어떻게 써야 할지 한 달 단위로 계획해 보세요. 그것도 아마 쉽지 않을 거예요.

어른 세계에 당당히 입성하기 위해

캥거루족이라는 말이 있습니다. 세상에 나설 자신감을 얻지 못해 자립할 나이가 되어서도 부모님 곁에 머무는 사람을 가리키는 말이에요. 어른이 되었지만, 캥거루처럼 아기 주머니를 벗어나지 못하는 것이죠. 아마 걱정이 많아서 그럴 거예요. 근데 너무 걱정할 필요는 없는 게, 우리 사회는 로빈슨 크루소가 살던 무인도 같은 곳은 아니거든요. 도움을 받을 수 있도록 법과 제도가 잘 마련되어 있어요.

학문을 배우거나 기술을 익히거나 특별한 재능을 계발하는 일은 사회에서 각자 맡을 자리를 준비하는 일입니다. 나중에 어떤 직업을 가질지 미리 생각해 보는 것도 일종의 준비예요. 직접 해보기 전까지는 어떤 일인지도 모르고 내가 그 일을 할 수 있을지도 모르기 때문에 막연하고 두려운 건 당연해요. 경제 활동 말고도 주변 사람들과 관계를 맺고, 배우자를 만나 가정을 꾸리기도 할 겁니다.

변호사로서 여러분에게 꼭 해주고 싶은 한 가지 조언은 바로 약속을 잘 지켜야 한다는 겁니다. 시시하다고요? 초등학교 도덕 시간에 들을 얘기라고요? 그렇지 않습니다. 사회는 다양한 사람이 모여 복잡하게 얽혀 이뤄집니다. 서로가 서로에게 의존하고 있는 거죠. 그러므로 약속을 지키지 않으면 이 사회는 유지될 수 없습니다. 사장님은 직원에게 약속한 날짜에 월급을 줘야 합니다. 대신 직원은 맡은 일을 약속한 대로 해내야 하고요. 제품을 생산하는 곳이라면 만들어진 제품이 광고한 그대로의 성능을 갖고 있어야 합니다. 약속을 지킨다는 건 단순해 보이지만, 사회를 유지하는 가장 기본적이고도 필수적인 덕목입니다.

사실 법이야말로 한 나라의 국민끼리 지키기로 정한 약속이잖아요. 사람과 사람 사이의 관계에 관한 법인 민법은 이렇게 말하고 있어요.

〈민법 제2조〉
① 권리의 행사와 의무의 이행은 신의에 좇아 성실히 하여야 한다.

즉 약속한 대로 그 내용을 충실하게 지키자는 거예요. 범죄를 저지르면 벌을 받는 것 역시 약속을 어긴 것에 대한 대가인 겁니다. 한 사람의 어른으로서 다른 어른들에게 받아들여지려면 그들과의 약속을 잘 지키면 됩니다. 그럼 사회를 지키고 이어 갈 구성원으로서 받아들여질 수 있습니다.

한 가지만 더 꼽자면 지금부터 국가와 사회에서 일어나는 일들에 관심을 가졌으면 합니다. 세상이 무척이나 빨리 변하고 있거든요. 예전엔 그렇지 않았어요. 사극에서 봤던 조선시대를 머릿속에 그려 보세요. 아버지가 농사지었다면 아들도 똑같이 농사지을 겁니다. 아버지의 아버지, 그 아버지 역시 마찬가지였을 거고요. 그러나 21세기의 세상은 그렇지 않아요. 인류가 발전시킨 문명의 속도가 너무 빠르거든요. 오히려 어른들로서는 따라가기 힘든 일도 생긴답니다. 어른들의 경험이 중요하지 않다는 뜻은 절대 아닙니다. 과거의 사회가 어떤지를 알아야 앞으로의 변화도 알 수 있기 때문이에요. 지금의 어른들과 함께 앞으로의 세상을 만들어 가는 것이 장차 어른이 될 여러분의 몫입니다. 성년이 될 날을 미리 축하합니다!

성년의 날
5월 셋째 주 월요일

다른 나라는 어때?

나라별 성년의 날

사회를 이어 갈 새로운 성년을 받아들이는 일은 어느 나라에서나 특별하게 여깁니다. 미국에서는 우리와 같은 5월 셋째 주 월요일을 기념하는데요, '시민의 날'이라고 부릅니다. 어른이 되어 투표권이 생긴다는 점을 강조하는 명칭입니다. 미국은 대부분 주에서 18세를 기준으로 삼습니다. 우리나라도 선거권은 18세부터 부여하고 있죠.

나라마다 조금은 특별한 방식으로 기념하기도 합니다. 성년의 날이 공휴일인 일본에서는 전통 의상이나 정장을 잘 차려입고 기념 촬영을 한다고 합니다. 특이하게도 왕족은 18세, 일반 시민은 20세를 성년의 기준으로 하고요. 종교를 강조하는 이스라엘에서는 남자가 13세가 되면 중요한 종교 장소인 '통곡의 벽'에서 성년식을 치릅니다. 흥이 많은 멕시코에서는 15세가 된 여성의 생일에 하이힐을 신고 춤을 추는 파티를 연다고 하네요.

5월

May

20

세계인의 날

인종차별 당하는 기분

우리 국민과 대한민국에 머무는 외국인이 서로의 문화와 전통을 존중하며 더불어 살아갈 수 있는 환경을 만들자는 취지로 지정한 기념일입니다. 우리나라를 찾는 외국인의 숫자는 2016년 200만 명을 넘어섰고 2019년에는 250만 명을 돌파했습니다.

250만 명은 대한민국 인구의 4.9%에 해당한다고 하는데요, 한 나라의 외국인 비율이 5%를 넘으면 다문화 사회로 분류합니다. 이러한 흐름에 맞춰 정부는 '외국인의 날' 지정에 나섰어요. 설문조사를 통해 국민의 의견을 모아서 '세계인의 날'로 이름을 바꿨고요. 2007년 '재한외국인 처우 기본법'에 따라 공식적으로 국가기념일로 지정했습니다.

단일민족이라는 환상

여러분은 '인종차별'이라는 말이 피부에 와닿지는 않을 겁니다. 대한민국에서 태어나 살아왔다면 딱히 겪을 일이 없으니까요. 우리는 인종차별에 관한 법이나 제도를 마련해 두고 있지도 않습니다. 차별의 반대인 평등에 관해서도 헌법은 이렇게 말하거든요.

〈헌법 제11조〉

① 모든 국민은 법 앞에 평등하다. 누구든지 성별·종교 또는 사회적 신분에 의해 정치적·경제적·사회적·문화적 생활의 모든 영역에 있어서 차별을 받지 아니한다.

주요한 차별 요소로 '인종'을 꼽지 않은 겁니다. 우리는 어렸을 때부터 단군 할아버지가 약 4,300년 전에 세웠다는 고조선 신화를 들으며 컸습니다. 대한민국에 사는 국민은 모두 단군 할아버지의 자손이라고요. 그런데 과연 그럴까요? TV에 나오는 연예인들을 보다 보면 '정말 나랑 같은 사람이 맞나?'라는 의심이 들 때가 종종 있어요. 너무 잘생기고 멋져서 그런 게 아니라 눈, 코, 입 그리고 팔다리 모양새까지 기본적인 틀 자체가 달라 보이는 사람이 있거든요. 꼭 TV에서만 찾을 수 있는 건 아닙니다. 많은 사람이 있는 지하철, 버스 같은 곳에서도 유심히 살펴보세요. 눈이 푹 꺼졌거나, 코가 유난히 뭉툭하고, 남들보다 다리가 길거나 짧은 다양한 사람이 있어요 (그렇다고 대놓고 쳐다보지는 말고요).

사실 한반도에 사는 사람들은 결코 단일민족이 아니에요. 인류의 기원으로 알려진 아프리카에서 시작해, 수만 년 동안 아시아의 여러 민족이 뒤섞여 살아오며 만들어진 집단입니다. 지금의 나라로 치자면 중국과 몽골, 베트남, 인도네시아 그리고 일본 등지에서 모여든 사람들이죠. 동남아시아 전체에 친척이 있는 커다란 공동체라고 생각하는 편이 쉽겠네요. 하기야 잘 생각해 보면 단군 할아버지부터 그래요. 웅녀 할머니는 원래 곰이었는데 쑥과 마늘을 먹고 사람이 되었잖아요. 이미 그때부터 다른 민족, 아니 종족끼리의 결합이었던 셈입니다.

그럼 왜 우리는 서로 차별하지 않을까요? 우선 생김새가 비슷하

기 때문이에요. 자세히 보면 다르지만, 기본적으로 비슷한 체형을 가졌습니다. 조금 밝거나 어두운 차이는 있더라도 피부색 역시 같고요. 차이를 느끼기에는 이미 너무 오랜 기간 한반도 안에서 함께 살면서 서로에 대해 익숙해지기도 했습니다. 겉모습뿐만 아니라 행동양식, 사고방식도 비슷한데요, 한국인의 '빨리빨리 문화'가 좋은 예일 겁니다.

대한민국, 인종차별이 가장 심한 나라

우리가 굳이 단일민족이 아니라는 사실을 짚은 이유가 있습니다. 단일민족이 아니면서도 여전히 외국인 또는 다른 인종에 대해 상당히 배타적이기 때문이에요. '우리'가 아니라고 여기면 쉽게 받아들이지 않습니다. 우리나라를 찾는 외국인들이 말하길, 잠깐 여행할 때는 괜찮지만 오래 머물러 살기에는 대한민국이 절대 쉽지 않다고 합니다.

이것은 막연한 느낌만이 아니에요. 2013년 미국의 일간지 〈워싱턴 포스트〉가 전 세계를 상대로 인종차별의 정도에 관해 조사했는데요, 대한민국은 가장 차별이 심한 나라로 꼽혔습니다. "이웃에 다른 인종이 살아도 괜찮습니까?"라는 질문에 대해 30% 이상이 "좋지 않다"라고 답했거든요. 다른 민족끼리 전쟁을 벌이기도 하는 이스라엘이나 아랍 국가보다 심한 편이었습니다. 피부색이 달라

'다른 인종'이라는 사실이 뚜렷한 경우에는 더욱 그렇고, 친척뻘인 중국·일본·동남아시아 곳곳에서 온 사람들에 대해서도 마찬가지입니다.

이러한 인식이 직접 현실에 반영된 사례도 있습니다. 2018년 전쟁을 피해 예맨 사람들이 집단으로 제주도에 피난을 왔습니다. 이들은 살던 나라로 돌아가기 어려우니 난민 신분으로 대한민국에 머물게 해달라고 했죠. 우리 국민 절반 이상은 반대했습니다. 유럽에서 아랍계 난민이 범죄를 자주 저지른다는 식의 검증되지 않은 소문이 돌았거든요. 도와줘야 한다고 공개적으로 나섰던 유명 연예인에게는 "당신 집 마당이나 내줘라!"라는 식의 비난이 쏟아졌습니다. 비슷한 상황은 2021년 아프가니스탄에서 내전이 일어난 뒤에도 이어졌습니다.

물론 어려움에 빠진 사람들을 위해 머물 곳과 일할 곳을 마련해주고 우리나라에 정착할 수 있도록 도와준 사람 역시 많습니다. 그러나 우리나라의 난민 인정률은 세계 주요 20개국을 비교했을 때 최하위권입니다. 2020년 전 세계 174개국을 대상으로 난민에 관한 기여도를 조사한 결과에서도 139위에 머물렀죠. 딱히 구체적인 사건을 들지 않더라도 대한민국은 인종차별 가능성이 큰 곳이라는 사실을 알 수 있습니다.

'틀린' 색이 아니라 '다른' 색

외국인이 많은 지역에서 살지 않는 한 인종차별에 관해 직접 고민해 볼 계기는 많지 않을 겁니다. 우선 인종차별이 뭔지 한번 짚고 넘어가 볼까요? 인종차별은 인종에 따라 피부색과 생김새뿐만 아니라 지능이나 행동 양식도 다르다고 여기고 차별하는 행위입니다. 단순히 다른 게 아니라, 어떤 인종은 더 낫고 어떤 인종은 열등하다고 보는 거죠. 나아가 그런 잘못된 믿음을 근거로 특정 인종을 미워하고 배척합니다. 다른 인종은 나보다 못난 존재니까 함부로 대해도 된다고 생각합니다.

인종차별의 역사를 되짚어 보면 이러한 인식은 끔찍한 결과를 낳곤 했습니다. 같은 인간으로서는 도저히 상상할 수 없는 짓까지 저질렀죠. 미국에서 흑인을 노예로 삼았던 일이 대표적인데요, 아프리카 대륙에서 납치한 사람들을 배의 화물칸에 짐짝처럼 싣고 와서는 농장의 일꾼으로 부려 먹었습니다. 바다를 건너는 중에 산 채로 바닷물에 빠뜨려 죽이는 일까지 있었는데요, "화물을 분실했다"라는 명목으로 보험금을 타내기 위한 것이었습니다. 사람을 화물로 취급한 겁니다.

또한 흑인은 원숭이 같은 유인원 사이에서 만들어진 짐승이라는 인식까지 퍼져 있었습니다. 더럽고 천한 존재라서 피부색이 검다는 황당한 논리를 만들었고요. 일부 못된 인간들이 자신의 이익을 위해

차별을 만들어 냈다고도 볼 수 있습니다.

그런데 이렇게 끔찍한 생각은 먼 과거의 역사가 아니라 아직도 진행 중입니다. 피부색이 다르다는 이유로 사회적·경제적 차별은 계속되고 있지요. 2020년에는 미국 백인 경찰의 과잉 진압으로 흑인이 억울하게 목숨을 잃은 사건인 '조지 플로이드 사건'이 발생했어요. 많은 사람이 "흑인의 목숨도 소중하다"라고 써진 팻말을 들고 나와서 시위했죠. 미국에서 흑인 대통령이 재임에 성공해 8년이나 나라를 이끌었지만 인종차별은 여전히 남아 있어요.

한국인도 차별에서 벗어날 수는 없습니다. 코로나바이러스가 수년 동안 전 세계를 괴롭혔는데, 그로 인한 불편과 고통을 아시아인에게 화풀이하는 일이 벌어졌어요. 중국에서 최초로 바이러스가 발현되었다는 이유로 미국, 유럽 등지에서 길을 가던 아시아인이 무차별 폭행을 당하는 일들이 일어났습니다. 중국인도 아닌 동양인 전체가 피부색으로 한 묶음을 당한 거예요.

더구나 한국인에 대해서는 한술 더 떴습니다. 코리아Korea라는 발음이 코로나Corona를 연상시킨다는 말도 안 되는 이유로 생명과 재산의 위협을 받아야 했습니다. 멀쩡히 길을 가다 그저 한국 사람이라는 이유로 주먹질, 발길질을 당한다고 생각해 보세요. 애초에 인종차별에 합리적인 이유란 존재할 수 없다는 증거입니다.

세계인의 날
5월 20일

다채로워서 아름다운 자연

미국에는 전 세계 각국에서 모여든 다양한 인종이 살고 있습니다. 그래서일까요? 미국 사람들은 자기 조상이 어느 나라에서 왔는지 궁금해하는 일이 많다고 해요. 뿌리를 찾고 싶어 하는 건데요, 그런 사람들을 상대로 유전자를 검사해 혈통을 찾아 주는 회사들도 있다고 합니다. 어떤 회사는 이런 식으로 광고했어요. 사람들에게 먼저 싫어하는 인종을 묻고 난 뒤 유전자 검사를 했는데, 가장 싫어한다고 답했던 나라의 피가 내 유전자에 섞인 걸 보고 놀라는 장면을 보여 주는 겁니다. 예를 들어 "한국 사람이 제일 싫어요"라고 했는데, "당신 유전자의 30%는 한국계입니다"라는 식의 결과가 나오는 거죠. 우리나라 사람들은 생김새가 전부 같아 보이지만 사실은 다양한 민족으로 이루어졌고 반면 겉모습이 완전히 달라 보이는 미국 사람들은 정작 같은 핏줄을 나누고 있는 경우가 많습니다.

인류는 사실 하나의 '종'이에요. 미국의 스미스소니언 자연사 박물관은 초기 인류의 종을 21가지로 분류하고 있는데요, 그중에서 호모 사피엔스Homo Sapiens만이 살아남아 단 하나의 종으로 지금의 인류를 이루고 있습니다. 그래서 누구든 호모 사피엔스라면 민족과 인종에 상관없이 결혼해 자녀를 낳을 수 있어요. 출신 국가나 인종만으로 차별하는 일이 얼마나 어리석고 근거가 없는 일인지 알 수 있죠.

그런데도 왜 인류는 서로 미워하는 일을 멈추지 못하는 걸까요?

겉모습만 다른 게 아니라 국가와 민족에 따라 관습과 문화가 다르다는 사실이 하나의 원인일 겁니다. 미국 영화를 보면 동양인이 허리 굽혀 인사하는 걸 특이하다고 묘사하는 장면을 자주 볼 수 있습니다. 집 안에서 신발을 벗는 일도 마찬가지고요. 맨발이 익숙하지 않은 서양 사람들에게는 낯설고 불편할 수도 있겠죠.

간고등어 구이를 먹어 본 적이 있을 거예요. 소금에 절여 짭조름한 맛이 나죠. 냉장고도 없고 교통수단도 발달하지 않았던 과거에 생선을 내륙 지방까지 운반하려면 상하지 않도록 소금으로 염장(소금에 절여 저장함) 처리를 해야 했습니다. 그래서 경상북도 안동 같은 내륙 도시에서는 지금도 고등어라면 으레 그렇게 요리를 하죠.

그런데 바닷가 마을에 살던 여자가 안동으로 시집을 갔대요. 생선에 굳이 소금을 뿌릴 이유가 없던 곳에 살았던 그 여자는 시장에서 사 온 생선을 그대로 큼지막하게 썰어 찌개를 끓였답니다. 그러니 엄청 비렸겠죠? 식구들은 아무도 먹을 수가 없었고, 그래서 집안 싸움까지 났다는 거예요. 우스운 얘기 같지만, 인종차별 역시 이와 다르지 않을 겁니다. 사는 방식이 다르다는 이유로 서로가 손가락질하면서 말이에요.

다양해서 풍성하게 누릴 수 있어

영화 보는 거 좋아하는 사람 많죠? 영화관에 가보면 상영하는 영화가 딱 두 종류로 나뉘는 걸 알 수 있을 거예요. 우리나라 영화 그리고 외국 영화로요. 외국 영화라고는 하지만 대부분 미국 영화죠. 아랍 국가나 아프리카 국가의 영화를 본 적은 아마 거의 없을 겁니다.

우리나라처럼 자국 영화를 많이 개봉하는 나라가 별로 없다고 해요. 우리나라 외에 인도, 이집트, 중국 정도가 전부라고 하네요. 흔히 선진국이라고 불리는 영국, 독일, 프랑스, 이탈리아의 영화관에는 거의 미국 영화만 상영된다고 해요. 영국은 언어라도 같지만, 다른 나라들은 언어가 다른데도 자기네 영화 시장을 미국에 빼앗겼습니다.

뭐가 문제일까요? 재미있는 영화, 좋은 영화만 볼 수 있으면 괜찮다고 생각할 수도 있습니다. 그렇지만 영화 속에 그려지는 세계는 결국 그걸 만든 사람이 세상을 바라보는 관점에 따라 달라질 수밖에 없습니다. 미국 사람 관점에서 보는 대한민국은 사실과 매우 다를 수 있어요. 팔은 안으로 굽는다고, 자기 나라에 대해서는 아무래도 좋은 쪽으로만 묘사할 수 있고요. 전 세계 사람들이 한 방향만 보다 보면 다양한 시각을 잃을 겁니다. BTS의 음악이 아무리 좋다고 해도 세상에 BTS만 있다면 음악은 지금처럼 풍요로울 수 없겠죠.

문화·예술뿐만 아니라 정치·사회 시스템도 마찬가지입니다. 자연에 다양한 생명이 있듯이 인류 문명도 다양성을 지킬 필요가 있습니다. 좋은 점은 따라 할 수 있고, 깨닫지 못했던 나쁜 점을 다른 국가, 민족과의 비교를 통해 알 수도 있겠죠. 서로 다른 것은 불편한 게 아니라 문명을 다양하게 유지하고 발전해 나갈 수 있는 원동력입니다. 그렇게 생각하면 자연이 인류를 다양한 색깔로 만들어 줬다는 사실에 고마워해야 하지 않을까요?

대한민국도 이미 다문화 사회에 접어들었습니다. 여러분의 교실에서, 앞으로의 직장에서 인종이 다른 친구를 만날 수도 있을 거예요. 차별하거나 호기심으로 바라볼 대상이 아니랍니다. 서로를 보듬고 더 나은 세상으로 나갈 수 있는 기회인 거예요.

세계인의 날
5월 20일

피부색과 생김새가 다르다는 이유로 다른 인종을 차별하는 사람들이 놓치고 있는 것들은 무엇일까요?

tip

#근거 없는 차별 #하나의 종인 인류 #편협한 시각
#다양성 지켜!

다른 나라는 어때?

세계 문화 다양성의 날

유엔은 2002년부터 매년 5월 21일을 '발전과 대화를 위한 세계 문화 다양성의 날'로 정했습니다. 각 나라가 가진 다양한 문화적 가치를 존중하자는 것인데요, 문명의 발달로 나라들끼리 교류가 활발해지면서 한편으로는 다양성을 잃고 획일적인 문화만 남을까 봐 우려한 것입니다.

각 나라의 언어, 종교 등 문화를 인정하고 보호하면서 세계의 평화와 안정, 발전을 이룩하자는 취지입니다. 우리나라도 2010년 '문화다양성협약'에 가입해 발맞추고 있지요. 2014년부터는 5월 21일부터 1주간을 문화 다양성 주간으로 지정해 여러 행사를 개최하고 있습니다.

6월
June

5

환경의 날

대세는 그린슈머

환경보전에 대한 국민의 관심을 높이고 생활 속에서 환경 보호를 실천하게 하려는 목적으로 제정한 기념일입니다. 이날은 '세계 환경의 날'이기도 해요. 산업화로 환경 오염이 전 세계적인 관심사로 떠오르면서 1972년 스웨덴에서 '유엔 인간환경회의'가 열렸는데요, 국제 사회는 이날을 세계 환경의 날로 정했습니다. 이 회의에서 '인간환경선언'이 채택되었고, 환경 분야의 협력을 위한 국제기구인 '유엔환경계획(UNEP)'이 설립되었지요. 유엔환경계획은 1987년부터 매년 세계 환경의 날을 맞아 그해의 주제를 선정·발표하며, 대륙별로 돌아가면서 한 나라를 정해 환경 행사를 개최하고 있습니다.

우리나라는 1996년부터 환경의 날을 국가기념일로 지정했습니다. 그리고 환경의 날 앞뒤로 1주간은 '환경주간'으로 삼고 있는데요, 해마다 환경보전을 위한 구체적인 주제를 정해 환경부와 민간 환경단체가 각종 기념행사를 열고 있습니다.

미안해요, 여러분!

얘기를 시작하기 전에 먼저 사과를 드립니다. 청소년은 앞으로의 세상을 이끌어 갈 미래라고 하잖아요. 그런데 어른들 때문에 그 미래가 걱정스럽습니다. 당장 오늘부터 고쳐 나가지 않으면 안 될 상황이고요. 물론 어른들도 일부러 그런 것은 아니에요. 지금의 세상을 만들기 위해 부단히 애를 썼거든요. 그 덕분에 여러분과 함께 누리고 있는 것도 많고요.

인류는 그 어느 때보다 풍요로운 삶을 살고 있습니다. 이제는 몸을 보호하기 위해서가 아니라 패션을 따져 가며 옷을 입고요, 냉장고에는 먹거리가 가득해서 버릴 정도입니다. 더운 여름이면 에어컨이, 추운 겨울이면 보일러가 우리를 돌보고요, 가고 싶은 곳이 아무리 멀리 떨어져 있어도 자동차나 비행기를 타고 갈 수 있습니다. '백세시대'라는 말이 나올 만큼 수명도 길어졌죠. 불과 100년 전만 해도 그 어떤 부자와 권세가도 누리지 못했던 것들입니다.

그러다 보니 조금 많이 부주의했습니다. 여유로운 삶이란 꼭 필요하지 않은 것들도 소비하는 생활처럼 여겨집니다. 값싸게 구할 수 있는 것이 많아지면서 쓰레기 역시 넘쳐 나고 있습니다. 집마다 연기가 피어오르지는 않지만, 어딘가에서는 분명히 냉난방을 위한 에너지를 만들고 있죠. 거리에는 크고 고급스러운 차들이 뜨거운 숨을 뿜어 내고 있고요.

혹시 '인류세Anthropocene'라는 용어를 들어 본 적 있나요? 지구의 역사는 45억 7,000만 년인데요, 지질학이나 고생물학의 주요 사건을 기준으로 시대를 나눈답니다. 그중 빙하기가 끝났던 약 1만 년 전부터 현재까지를 '홀로세Holocene'라고 부릅니다. 그런데 일부 학자들은 홀로세의 어느 시점부터 지금까지의 기간을 따로 나누어 인류세로 부르자고 주장합니다. 인간이 석유·석탄을 비롯한 각종 자원을 마구 쓰는 바람에 지구의 환경이 극단적으로 달라진 이후를 인

쓰레기가 모래와 함께 쌓여서 지층이 되었어요.
사람이 만들었다고 해서 이것을 홀로세층이라고
부른답니다.

류세로 나누어야 한다고 말이죠.
그 시작점에 대해서는 의견이 분분
한데요, 멀리는 18세기 중반 산업혁명
을, 가깝게는 첫 번째 핵 실험을 했던 1945
년을 시작점으로 하자고 주장합니다. 80억 명에 가
까운 인류가 육지 면적의 80% 이상을 차지했고, 그들이 불러온 환
경 위기는 지구를 지질학적으로 변화시키고 있습니다. 과연 우리의
아름다운 초록별은 어떤 상황에 놓인 걸까요?

너무 덥고 너무 추워요

산업화 이전과 비교해 지구는 1도 이상 더 뜨거워졌습니다. 사람
의 몸은 평소보다 체온이 1도만 올라가도 여기저기 아프기 시작하
는데요, 지구도 다를 게 없습니다. 지난 몇 년을 돌아볼까요? 2022
년, 100년 만의 폭우로 서울의 강남역이 잠기는 일이 있었죠. 자
동차가 뒤집힐 정도로 역대급인 태풍이 불어닥치기도 했습니다.
1,000년 만의 대홍수로 서유럽이 휩쓸려 나갔고요, 파키스탄은 나

라의 3분의 1이 물에 잠기도 했습니다. 지구 곳곳에 기록적인 더위와 폭우, 산불이 발생했습니다. '이상기후'라는 제목이 붙은 뉴스가 매일같이 쏟아져 나왔지요.

우리나라는 사계절이 뚜렷하다고 학교에서 배웠는데요, 정말 그런가요? 봄가을은 어떻게 스쳐 가는지도 모르게 짧아졌습니다. 쌀쌀한 가을 공기를 느낄 사이도 없이 매섭게 추워지고요. 여름은 갈수록 더워지고 겨울은 갈수록 추워집니다. 만약 여러분도 그렇게 느낀다면 정말 무서운 얘기예요. 지구의 나이로 따져 현세는 1만 년 전에 시작되었다고 했잖아요. 그런데 최근 고작 몇십 년 만에 사람이 몸으로 지구의 변화를 느낄 수 있게 된 거니까요! 변화의 속도가 상상도 못할 만큼 빠른 겁니다.

상황이 심상치 않아지면서 197개국 대표들이 2015년 프랑스 파리에 모였습니다. 지구의 온도가 지금보다 섭씨 1.5도 이상 오르지 않도록 노력하자는 기후 협약을 맺었지요. 섭씨 1.5도 이하로 막으면 섭씨 2도가 올랐을 때와 비교해 해수면 상승이 10cm가량 낮아진다고 합니다. 북극의 얼음이 녹아 없어질 가능성이 100년에 한 번 꼴로 줄어들고요. 거의 다 사라질지 모를 산호초가 10~30% 정도는 남을 수 있다고 합니다. 물 부족에 처하게 될 인구도 약 50% 줄어들 것으로 보이고요. 그렇지만 안심하기엔 이릅니다. 지금보다 훨씬 좋아진다는 것이 아니라 최악의 상황을 면하는 정도인 거니까요.

그 최소한을 지키기 위해 해내야 하는 과제는 만만치 않습니다.

환경의 날
6월 5일

지구를 감싸고 있는 대기 중에 이산화탄소나 메탄처럼 우리가 살기에 적절한 온도를 유지해 주는 기체들을 온실가스라고 합니다. 이 온실가스가 없다면 지구는 인간이 살기에는 너무 추워집니다. 그런데 지금은 이 온실가스가 필요 이상으로 많아져서 지구의 온도가 과도하게 올라가고 있어요. 이 현상을 '지구온난화'라고 부르지요. 인간이 석탄·석유 같은 화석연료를 너무 많이 쓴 탓입니다.

섭씨 1.5도를 넘기지 않으려면 2030년까지는 온실가스 배출량을 2010년에 비해 최소한 45% 줄여야 합니다. 2050년까지는 0으로 만들어야 하고요. 배출하는 온실가스를 최대한 줄이고, 그래도 남는 가스는 포집하거나 제거해서 실질적인 배출량을 0으로 만드는 겁니다. 이것을 '탄소중립' 또는 '탄소제로'라고 하는데, 앞으로 우리가 지구에서 계속 살아가기 위해서는 피할 수 없는 길입니다. 발등에 불이 떨어진 정도가 아니라 이미 무릎쯤에서 타오르고 있기 때문이에요.

온몸을 파고드는 미세 플라스틱

미국 하와이와 캘리포니아 사이 북태평양 바다에는 지도에 나오지 않는 커다란 섬이 떠 있습니다. 무려 한반도 면적의 7배에 이르는데요. 왜 지도에서 볼 수 없냐고요? 바로 버려진 플라스틱으로 만들어진 '쓰레기 섬'이기 때문입니다. 바닷가에 함부로 버린 플라스틱을

전 세계 각지의 아름다운 해변에 플라스틱 쓰레기가 쌓여 가고 있어요.

비롯한 각종 쓰레기가 해류를 타고 흐르다 한곳에 모인 건데요, 1997 년 최초로 발견된 이후 점점 더 커지고 있습니다. 인간이 쓰레기로 자연을 망가뜨리는 대표적인 사례 중 하나이지요.

근데 진짜 무서운 플라스틱 쓰레기는 따로 있어요. 여러분의 일 상을 한번 들여다봅시다. 합성 섬유가 들어 있는 교복을 입고 학교 에 갑니다. 음식점에 가면 식사 전 물티슈로 손을 닦지요. 입이 심심 하면 비닐봉지에 든 과자를 사 먹습니다. 과자만 먹으면 목이 메니까 페트병에 든 생수나 음료수도 마십니다. 코팅된 종이컵으로 친구들과 나눠 마시기도 하고요. 집에 오면 샤워볼에 비누 거품을 내서 깨끗이 씻습니다. 그저 평범한 순간들이지만, 모든 순간에 플라스틱이 빠지지 않습니다. 심지어 물티슈도 플라스틱 소재예요!

미세 플라스틱은 환경 오염 물질의 새로운 강자로 떠올랐습니다. 보통은 5mm 미만의 작은 플라스틱 조각을 가리키는데요, 가장 작은 것은 머리카락 굵기의 500분의 1 정도인 100nm(나노미터)입니다. 당연히 눈으로 볼 수가 없지요. 도대체 어떻게 그런 작은 플라스틱 조각이 생겨난 걸까요? 치약이나 세안용품에 들어 있기도 하고요, 대부분 원래 크기가 큰 플라스틱이 부서지면서 만들어집니다. 과자가 든 비닐봉지를 뜯기만 해도 미세 플라스틱이 발생하고, 합성섬유로 만든 옷을 세탁기에 넣는 것은 믹서기로 플라스틱을 가는 일이나 마찬가지입니다.

북태평양의 쓰레기 섬에서는 끊임없이 미세 플라스틱이 만들어지는 셈이죠. 눈에 보이지 않다 보니 2000년대 이후에야 그 위험성이 밝혀졌는데요, 그때는 이미 미세 플라스틱이 지구 전체에 널리 퍼져 있었어요. 바다는 '플라스틱 수프'라고 불러도 과언이 아닐 정도고, 심지어는 문명의 손길이 닿지 않는 북극과 남극의 눈에서도 발견되었습니다. 우리나라 한강과 낙동강은 물론이고 일부 정수장에서조차 미세 플라스틱이 발견됩니다. 바다가 오염되었으면 바다 생물을 먹는 인간 역시 피할 수가 없겠죠? 물을 끓여 마셔도 정수장에서부터 오는 미세 플라스틱은 사라지지 않습니다.

이렇게 저렇게 몸에 들어온 미세 플라스틱 조각은 우선 소화 기관 내부에 상처를 내고, 혈관을 뚫고 들어오기도 합니다. 플라스틱에는 환경호르몬이 들어 있는데요, 작게 쪼개지는 동안 각종 독성물질을 빨아들입니다. 우리 몸에 얼마나 해로울지는 충분히 짐작하고도 남겠죠? 그뿐만 아니라 피부와 호흡 기관에도 영향을 주고 심혈관 질환까지 일으킵니다. 세포 사이를 오가기 때문에 엄마 배 속의 태아에게까지 해악을 끼치고요.

이 순간에도 강으로, 바다로 플라스틱 쓰레기는 쏟아지고 있습니다. 지금의 과학기술로는 미세 플라스틱을 걷어 낼 방법이 없습니다. 물속에 들어간 머리카락 500분의 1 크기 미세 플라스틱을 어떻게 찾겠어요. 온실가스와 마찬가지로 더 이상 나오지 않도록 하는 방법밖엔 없습니다.

지구가 없으면 경제도 없다

자발적인 참여만 믿고 기다리기에는 기후 위기가 너무 심각합니다. 그래서 세계적으로 여러 가지 방법이 거론되고 있죠. 대표적으로 유럽 국가들이 도입한 '탄소세'가 있습니다. 석유·석탄 등 화석연료를 사용하는 경우 연료에 들어 있는 탄소의 양에 따라 세금을 부과하는 제도지요. 거둔 돈은 온난화 방지를 위해 사용됩니다. 미국

환경의 날
6월 5일

과 유럽연합은 '탄소 국경세'를 주도적으로 추진하고 있습니다. 제품을 만드는 과정에서 뿜어낸 탄소의 양만큼, 제품이 국경을 통과할 때 관세를 부과하는 거예요. 지구는 오직 하나이기 때문에 환경 문제를 해결하려면 모든 나라가 손을 맞잡고 함께 노력해야 합니다.

하지만 경제의 많은 부분을 수출에 의존하는 우리나라로서는 당장 현실적인 고민이 생겼어요. 우리가 주로 수출하는 자동차, 선박, 화학 제품, 반도체 등은 만드는 과정에서 탄소가 많이 배출되고 또 탄소를 배출하는 전기를 많이 쓰거든요. 어떻게 해야 할까요? 당장에 산업 구조를 바꾸기 어렵다면 같은 일을 하더라도 탄소를 덜 배출해야겠죠. 'RE100'이라는 용어를 들어 본 적 있을 거예요. RE100은 'Renewable Energy 100'의 약자로, 2050년까지 기업에서 사용하는 전력의 100%를 재생 에너지로 대체하자는 기업 간의 협약입니다. 햇빛, 바람, 파도, 지열처럼 시간이 지나면 자연적으로 보충되는 자원으로부터 얻은 에너지를 쓰겠다는 거죠. 이것은 전 세계 민간 기업 간의 자발적인 움직임인데요, 이렇게 하지 않으면 아무리 제품을 만들어 팔아도 남는 게 없을 수 있겠다는 현실적인 걱정에서 시작되었습니다.

정부도 물론 나서야 합니다. 민간 기업이 재생 에너지를 쓰기 위해서는 국가가 에너지를 공급해야 하거든요. 태양광, 풍력, 수소와 같은 친환경 발전을 연구·개발할 수 있도록 국가적인 지원이 필요합니다.

세계 각국은 미세 플라스틱 문제를 심각하게 받아들이고 있습니다. 유럽연합은 미세 플라스틱이 들어 있는 화장품, 세제, 농업 제품들에 대한 규제를 시작했고요, 미국과 캐나다도 비슷한 법과 제도를 만들었습니다. 우리 정부도 화장품, 세탁 세제 같은 제품에 미세 플라스틱을 사용할 수 없도록 금지하고 있습니다. 대체할 수 있는 제품들도 만들어지고 있고요.

환경 보호, 이제는 정말 미룰 수 없습니다. 그렇지만 너무 부담을 갖진 마세요. 친환경 산업을 정착시키는 나라들은 앞으로도 선진국으로 자리 잡을 것이고, 그 과정에서 지금껏 없었던 새로운 일자리가 만들어질 수도 있어요. 위기는 기회라고 하잖아요. 기후 위기를 기후 기회로 바꾸는 힘은 바로 우리에게 달려 있습니다.

그린슈머, 피할 수 없는 선택

이제 여러분에게도 함께하자고 부탁해야겠습니다. 미래는 여러분의 몫이니까요. 내가 쓸 지구라고 생각한다면 어른들에게만 맡겨 놓을 수 없겠죠? 환경 위기 극복을 위해 일상생활에서 할 수 있는 일은 많습니다. 아마 대부분 여러분이 이미 알고 있는 방법일 겁니다.

우선 자가용 대신 대중교통을 이용하고요, 이 닦고 세수할 때 수도꼭지를 잘 잠그는 습관을 들이면 깨끗한 물을 아낄 수 있습니다. 물건을 충동적으로 사지 않는 것도 환경을 보호하는 하나의 방법이

환경의 날
6월 5일

고요, 중고 거래 앱으로 값싸고 좋은 물건을 나눠 쓰는 일도 큰 도움이 됩니다. 고기를 생산하는 일에도 어마어마한 환경 파괴가 따르는데요, 육식보다 채식을 늘리면 지구도 지키고 내 몸도 지킬 수 있습니다. 집에서 분리수거를 돕는 일은 기본이겠습니다.

'그린슈머Greensumer'라는 말도 들어 봤죠? 자연을 상징하는 녹색 Green과 소비자Consumer의 합성어인데요, 제품을 살 때 환경에 어떤 영향을 미치는지 고려하는 소비자를 말합니다. 가격이 다소 비싸더라도 가능하면 친환경 제품을 사는 거죠. 요즘은 주변에서 친환경 제품을 쉽게 발견할 수 있어요. 마트나 음식점에서 비닐이나 플라스틱 대신 친환경 포장재를 사용하고, 플라스틱 빨대 대신 종이 빨대를 사용합니다. 더 나아가 버리는 물건을 재생해서 다시 사용하는 일을 '리사이클'이라고 하는데요, 리사이클을 통해 쓰레기가 멋진 가방과 옷, 신발 등으로 재탄생합니다.

마지막으로 한 가지 주의할 점도 알려 줄게요. 이왕이면 환경에 해를 덜 끼치는 제품을 쓰려는 그린슈머가 늘어나면서, 그걸 이용하는 장삿속이 등장했어요. 겉으로만 친환경인 척하는 가짜들인데요, '그린슈머'와 구별하기 위해 '그린워싱Greenwashing'이라고 부릅니다. 환경을 보호하기 위해 일회용 컵을 사용하지 않는다고 홍보하면서 여러 번 쓸 수 있는 플라스틱 컵을 판매하는 식이죠. 헷갈리기 쉽죠? 구분할 수 있는 힌트를 몇 가지 줄게요. 만드는 과정은 전혀 친환경적이지 않은데 포장만 친환경으로 했다면, 정부 인증은 안 받고 광고만 그럴듯하게 한다면, 뭐가 뭔지 잘 모를 어려운 말만 잔뜩 늘어놓는다면 의심해 봐야 합니다. 지구를 지키는 일인 만큼 우리, 조금만 더 깐깐해집시다.

환경의 날
6월 5일

시민's 생각

일상생활에서 온실가스 배출을 줄이는 실천 방안으로 어떤 것들이 있을까요?

tip

#지역별 특성에 맞는 #생활 밀착형 정치
#국민의 의견을 직접 전달하는 #민주주의 훈련

다른 나라는 어때?

지구의 날

1969년 1월 28일 미국 캘리포니아주 남서부에 있는 도시 산타바버라에서 원유를 시추하는 시설에 균열이 생겼습니다. 갈라진 틈으로 무려 10만 배럴(약 1,600만 리터)의 원유가 쏟아져 나왔죠. 그 바람에 수백 킬로미터에 이르는 인근 바다가 온통 기름으로 뒤덮였습니다. 이를 계기로 미국에서는 1970년 4월 22일 환경 보호를 촉구하며 '지구의 날'을 선언하는 행사가 열렸습니다.

환경의 날은 각국 정부가 주도한 데 비해 지구의 날은 시민들이 직접 나서서 만들었습니다. 미국 곳곳에서 2,000만 명 이상의 사람들이 모여 연설을 듣고 토론회를 했으며 환경을 깨끗이 하기 위한 실천에 함께 나섰습니다. 뉴욕에서는 자동차의 통행을 금지하며 60만 명 이상의 사람들이 환경 집회에 참여하기도 했고요. 지금은 전 세계 약 200개 국가의 국민이 지구의 날 행사에 참여한다고 합니다. 대표적으로 10분간 전깃불을 끄는 행사가 있어요.

6월

June

10

6·10 민주항쟁 기념일

한국의 민주화가
세계적 모델이 된 이유

대한민국이 민주주의 국가로 도약하는 계기를 만든 6월 민주항쟁을 기념하기 위한 날입니다. 박종철 고문치사 사건, 이한열 사망 사건과 전두환의 호헌조치(군부 독재를 위해 대통령 직선제를 포함한 개헌을 인정하지 않겠다고 선언함)에 분노한 국민은 6월 10일부터 약 20일 동안 전국적인 시위를 벌였습니다.

군사정권 아래에서도 꺼지지 않았던 민주화의 열망이 폭발했습니다. 이 열망은 정부가 국민의 요구인 대통령 직선제를 받아들이도록 만들었습니다. 2007년부터 국가기념일로 제정해 이날을 기억하고, 민주주의를 이룩해 낸 정신을 계승하도록 하고 있습니다.

민주주의를 외치다 떠난 젊음들

서울 용산구 남영역 근처에 민주인권기념관이 있습니다. 검은 벽돌로 지은 7층짜리 건물인데요, 원래는 이른바 '남영동 대공분실'이 있던 곳입니다. 겉으로는 간첩을 수사하겠다면서 사실은 군사정권에 반대하는 사람들을 잡아들인 곳이죠. 이곳 5층에는 약 $13m^2$ 크기로 똑같은 구조의 조사실들이 아직 보존되어 있습니다. 모두 바닥에 고정된 책상과 의자, 침대, 욕조, 변기가 놓여 있죠. 그리고 다른 층에 비해 5층 조사실의 창문만 유독 폭이 좁고 작은 게 눈에 띄는데요, 창문 크기를 최소화해서 비명을 질러도 바깥으로 새어 나가지 않도록 한 겁니다. 박종철 열사에 대한 고문치사가 이루어졌던

509호실은 당시 모습 그대로 복원해 두었습니다.

전철을 타고 지나면 창밖으로 보이는 이 건물에서 지금으로선 상상조차 하기 어려운 일들이 벌어졌습니다. 조사실의 욕조는 고문을 위한 것이었습니다. 잡혀 온 사람을 전기로 감전시키고, 물속에 넣어 숨이 막히도록 했습니다. 진실과는 상관없이 수사관들이 원하는 말을 할 때까지 고문했지요. 1987년 1월 13일 509호실로 서울대학교 3학년, 21살의 박종철이 잡혀 왔습니다. 그리고 전기 고문과 물고문을 받다 이틀 만에 숨졌습니다. 명백한 살인이었습니다. 경찰은 조사하던 과정에서 "책상을 '탁' 치니 '억' 하고 죽었다"라는 말도 안 되는 거짓 발표를 했습니다.

사건 발생 5일 만에 거짓말은 드러났습니다. 당시 정부는 어떻게든 사건을 축소하려 했습니다. 고문을 했던 수사관 중 일부만 구속하고, 담당 부처 장관에게 책임을 물어 해임하는 정도로 끝내려 했죠. 진상을 밝히는 대신 거짓말로 거짓말을 덮으려 한 겁니다. 분노한 국민이 움직이기 시작했습니다. 정치권 일부와 종교계, 대학생들이 들고

서울 용산구 남영동 민주인권기념관에 있는 박종철 열사 기념 전시실의 모습입니다. 박종철 열사는 이곳에서 고문받다가 숨졌습니다.

일어났습니다. 박종철의 죽음과 이를 덮으려는 정부의 시도를 규탄하는 전국적인 시위가 6월 10일에 열릴 예정이었습니다.

연세대학교 학생이었던 이한열은 다른 학생들과 함께 6월 10일을 준비하기 위한 결의 대회(여러 사람이 어떤 뜻을 정해 굳게 다짐하는 마음을 보이는 집회)를 그 전날인 6월 9일에 가졌습니다. 연세대학교 도서관 앞에 1,000여 명의 학생들이 모였고요. 대회를 마친 학생들은 정문으로 향했습니다. 신촌으로 가서 사람들에게 그 소식을 알리려 했죠. 당시에는 시위를 막기 위해 경찰이 최루탄(눈물샘을 자극해 눈물을 흘리게 하는 약이나 물질을 넣은 탄환)을 썼습니다. 깡통에 담은 최루탄을 비스듬히 하늘을 향해 쏘면 사람들 사이로 떨어졌습니다. 매캐한 연기가 피어오르면 눈이 따갑고 아파서 도저히 그 장소에 머물 수 없게 만드는 것이죠. 그날도 수백 명의 전투 경찰이 정문 앞을 지키고 있었습니다. 그런데 최루탄을 하늘이 아니라 학생들을 향해 직선으로 쐈습니다. 최루탄을 직접 맞으면 마치 총에 맞는 것만큼이나 위험합니다.

놀라서 학교 안으로 흩어지던 학생 중에 이한열이 있었습니다. 최루탄 하나가 그의 뒷머리에 맞았습니다. 뿌연 연기가 피어나면서 그는 자리에 쓰러졌습니다. 곁에 있던 친구가 부축해서 일으켰을 때 이미 이한열은 피를 흘리고 있었죠. 연세대 정문에는 그 자리를 기리는 추모 동판이 놓여 있습니다. 그 순간은 고스란히 사진으로 찍혔고요. 다음 날 신문에서 처참한 죽음의 순간을 마주한 국민은 분노를 참을 수 없었습니다. 박종철과 이한열, 두 젊음을 살려 내라는 외침이 전국으로 퍼졌죠. 학생들뿐만 아니라 직장인들까지 '넥타이 부대'로 함께하면서 6·10 민주항쟁은 폭발했습니다.

군화에 짓밟힌 대한민국

1979년 쿠데타로 권력을 차지했던 전두환은 자신을 반대했던 1980년 5·18 민주화운동을 총칼로 짓밟았습니다. 공수부대는 남녀노소 할 것 없이 곤봉을 휘두르고 총을 쏘았죠. 그때 군의 최고 권력자는 전두환이었습니다. 그는 대한민국을 무력으로 장악한 다음 대통령 자리에까지 올랐지요. 국민의 직접 선거가 아니라 자신을 지지하는 사람들만 체육관에 모아 놓고 자신을 대통령으로 뽑도록 했습니다. 주인인 국민을 억압했고 민주주의를 파괴했지만, 그는 끝까지 그의 잘못을 인정하지 않았습니다.

국민의 저항은 멈추지 않았고 탄압도 계속되었습니다. 전두환은 권력을 잡자마자 '삼청교육대'를 운영했는데요, 사회를 정화하겠다는 명분으로 영장도 없이 4만 명에 가까운 사람들을 이 삼청교육대로 끌고 갔습니다. 불량배나 범죄자도 있었지만, 술에 취해 거리를 걸었다든지 또는 인상이 험악하다는 이유로도 잡아갔습니다. 전두환을 비방하기라도 했으면 당연히 잡혀갔고요. 한 달 또는 그 이상 가둬 놓고 혹독한 훈련과 구타를 가했습니다.

특히 대학을 중심으로 민주화운동이 활발했기에 많은 학생이 강제로 징집되었습니다. 시위하다 붙잡히면 감옥에 갈지 군대에 갈지 반강제로 고르도록 했죠. 헌병대에 강제로 징집되어 끌려가면, 함께 민주화운동을 하는 친구들이 누군지 털어놓으라고 갖은 협박을 당했습니다. 그들 중에는 끝까지 집으로 돌아가지 못했던 학생들도 있습니다. 일부는 정권의 앞잡이로 변절하기도 했고요.

전두환이 대통령으로 있는 8년 내내 이런 일들이 반복되었습니다. 특히 그는 분단된 남북 관계를 악용했어요. 자신에게 반대하는 사람들을 북한의 간첩으로 몰았지요. 민주주의를 부르짖는 학생과 정치인을 잔혹하게 고문해 거짓 자백을 받았고요. 학림 사건, 부림 사건, 재일교포 간첩 사건, 납북 어부 사건을 비롯한 수십 건의 가짜 사건을 만들었습니다. 그 과정에서 수많은 죄 없는 목숨이 희생되었지요. 가장 비극적인 사실 한 가지는, 그때 조작된 사건들을 아직도 믿는 사람들이 있다는 겁니다. 정치적으로 반대 입장을 가진 누군가를 '빨갱이'로 모는 일은 아직 끝나지 않았습니다.

굴복하지 않았던 대한 국민

어떤 사람들은 1980년대 우리 경제가 빠르게 성장했던 일만큼은 전두환 덕분이라고 주장하기도 합니다. 하지만 당시는 우리나라뿐만 아니라 전 세계의 경제 상황이 좋았습니다. 더구나 우리는 후진국을 막 벗어나 도약하던 시기였어요. 지금의 경제 상황과 비교하기 어렵습니다. 중고등학교 때 키가 빨리 크는 것처럼, 우리나라도 쑥쑥 자라는 시기였으니까요. 전두환의 정치는 경제 부문에서도 민주주의와는 거리가 멀었습니다. 통치를 위한 돈이라는 명목으로 기업들로부터 수십, 수백억 원을 강제로 빼앗았습니다. 말을 듣지 않는 대기업을 하루아침에 없애 버리기도 했고요. 전두환 퇴임 후 1997년 수사를 통해 밝혀진 바에 따르면 기업으로부터 뜯어낸 돈은 7,000억 원이 넘었습니다.

그런 정치 상황에서도 우리 국민은 포기하지 않았습니다. 박종철, 이한열과 같은 수많은 젊은이가 목숨을 걸고 민주주의를 외쳤습니다. 그들의 요구는 단순했습니다. 독재자 전두환은 물러나고, 국민의 손으로 직접 대통령을 뽑자는 것이었죠. 이를 위해 헌법을 바꿔야 했기에 정치인들도 나섰습니다. 개헌을 위한 서명 운동을 벌이기도 하면서 국민의 목소리를 모았습니다.

물론 전두환은 국민의 뜻을 순순히 받아들이지 않았습니다. 앞서 말한 것처럼 가짜 간첩 사건들을 만들어 내면서 억압했죠. 이와 동시에 여러 가지 회유책을 쓰기도 했습니다. 프로야구·프로농구를 만들었고요, 이전엔 검열이 까다로웠던 영화도 자유롭게 만들 수 있도록 했습니다. 각종 가요제도 여는 등 다양한 볼거리와 즐길 거리를 제공했죠. 국민의 눈과 귀를 사로잡아 정치에 관심을 끄게 했던 겁니다.

6·10 민주항쟁 기념일
6월 10일

그러나 우리 국민은 이에 넘어가지 않았고, 민주화운동을 이어나갔습니다. 그 와중에 박종철 고문치사 사건이 터졌던 거고요. 이 사건을 계기로 개헌을 요구하는 목소리는 더욱 커졌는데요, 전두환은 끝까지 고집을 부리면서 자리에서 물러나지 않았습니다. 결국 이한열의 죽음으로 6·10 민주항쟁이 전국에서 거세게 불붙었죠. 어디를 어떻게 막아야 할지 모를 만큼 곳곳에서 동시에 시위가 일어났습니다. 흡사 짙은 안개에 쌓인 것처럼 최루탄 연기로 거리는 온통 뿌옜지만, 국민의 외침은 연기를 뚫고 나왔습니다. 결국 1987년 6월 29일 당시 여당이던 민정당이 직선제 개헌을 받아들이는 선언을 발표하며 항복했습니다.

대한민국은 1987년 10월 29일 새롭게 헌법을 고쳤습니다. 대통령 직선제를 도입했고, 그렇게 뽑은 대통령이라 할지라도 정당한 절차에 따라 통치하도록 강조했습니다. 자율과 조화를 바탕으로 한 자유민주적 기본질서를 강조하면서 국민의 기본권을 강화했지요. 이를 통해 헌법 전문은 "정치·경제·사회·문화의 모든 영역에 있어서 각인의 기회를 균등히 하고, 능력을 최고도로 발휘하게" 만들겠다고 포부를 밝힙니다.

이제는 우리도 당당한 선진국

그 결과는 오늘날까지 이어지고 있습니다. 2021년 7월 6일 유엔무역개발회의UNCTAD는 한국의 지위를 개발도상국에서 선진국으로 끌어올렸습니다. 1964년 유엔무역개발회의가 설립된 이래 선진국으로 지위가 바뀐 나라는 우리가 최초입니다.

경제 분야에 그치지 않습니다. 우리나라 가수들이 전 세계 음원순위 1위를 차지하고요, 한국말로 만들어진 영화와 드라마가 국제시상식을 휩쓸기도 합니다. 갖가지 분야에서 전 세계에 'K-열풍'이불고 있습니다. 여러분의 부모님이 청소년이었을 무렵에는 상상도못 한 일들입니다.

그걸 가능하게 해준 이들이 바로 박종철, 이한열입니다. 직장에서 거리로 뛰쳐나와 학생들과 함께했던 넥타이 부대와 국민입니다. 광주에서 말 한마디 못 하고 죽어 갔던 김경철이 있었고, 군인들의총칼에 맞서 목숨을 걸었던 광주 시민들이 있었습니다. 부정 선거에 항의하다 숨졌던 고등학생 김주열이 있고, 4·19 혁명에 함께했던사람들이 있습니다. 부당한 공권력에 맞선다는 이유로 탄압당했던4·3의 제주가 있습니다. 그들이 없었다면 오늘날의 대한민국도 없습니다.

그들을, 그날들을 기억해야 하는 이유가 있습니다. 개발도상국에서 선진국으로 발돋움한 나라가 우리뿐이라고 앞서 말했지요. 우

6·10 민주항쟁 기념일
6월 10일

리나라만이 민주화와 산업화를 동시에 이룩했습니다. 글자 그대로 피와 땀을 흘려 이룬 역사입니다. 망각하면 그 모든 과정은 언제든지 다시 거꾸로 돌아갈 수 있습니다. 여러분과는 거리가 먼 까마득한 옛일처럼 느껴질 수 있는데요, 그렇지 않습니다. 불과 2017년에도 18대 대통령이었던 박근혜가 헌법재판소에서 파면 결정을 받았습니다. 대기업으로부터 거액의 돈을 받고 특혜를 베푼 것이 주된 이유였습니다.

여러 나라가 우리처럼 민주주의를 이루기 위해 노력했습니다. 브라질 역시 쿠데타와 군사 독재로 시달렸는데요, 오랜 기다림 끝에 우리와 비슷한 시기인 1989년 처음으로 직접 선거를 치를 수 있었습니다. 하지만 아직 뿌리 깊은 부정부패에서 벗어나지 못했습니다. 백인 위주의 지배 계층이 여전히 나라를 장악하고, 국민은 극심한 빈부격차에 시달리고 있습니다. 경제는 위태롭고 정치는 혼란에 빠져 있습니다. 민주주의 자체가 위기를 겪고 있는 상황이지요.

미얀마에서는 2021년에도 군부 쿠데타가 일어나 민주주의를 지지하는 국민에게 총부리를 겨눴고, 2019년 중국으로부터 독립해 민주 국가로 나아가고자 했던 홍콩 독립운동은 중국 공산당의 강경 진압을 넘지 못해 실패했습니다. 중국에서도 1989년 베이징 천안문 광장을 중심으로 민주화운동이 일어났지만, 중국 정부는 장갑차까지 동원해 시민들의 목소리를 뭉갰습니다. 2010년 말부터 아랍권 국가들에서는 장기 독재에 저항하는 '재스민 혁명'이 일어나 이집트, 예맨, 리비아의 독재자들이 쫓겨나기도 했습니다. 그러나 거기까지일 뿐 민주화로 이어지지 못했습니다. 여전히 혼란을 겪고 있거나 다른 권위주의 정부가 들어섰지요.

해외에서 민주화운동이 일어날 때마다 그들은 대한민국의 민주화를 말합니다. 부러워하고, 배우려 합니다. 우리나라에서 시위할 때 불렀던 노래를 따라 하기도 합니다. 그런데도 아직 우리 뒤를 잇는 나라는 없습니다. 우리에게 무슨 특별한 힘이라도 있는 걸까요? 분명한 사실은, 우리라고 단번에 성공한 건 아니라는 겁니다. 부패한 이승만 정권, 두 차례의 군사 쿠데타와 또 그 뒤를 이은 군사정권… 오랫동안 힘겨운 싸움이 이어졌지만, 끝까지 포기하지 않았습니다. 헌법을 바꾸면서 단단하게 제도로 뒷받침했고요. 잘못된 권력을 무너뜨리기 위한 싸움과 권력이 무너진 자리에 새로운 제도를 세우는 일, 두 가지를 국민이 해냈습니다. 더 나은 미래를 위해 과거를 잊지 않는 노력을 지속한다면 21세기 대한민국은 더욱 빛날 수 있을 겁니다. 그 불빛은 등대가 되어 아직은 어두운 나라들의 희망이 될 거고요. 이것이 기념일을 만들어 기억하는 이유입니다.

6·10 민주항쟁 기념일
6월 10일

6·10 민주항쟁을 통해 아홉 번째로 바꾼 지금의 헌법은
그전과 비교해 무엇이 달라졌을까요?

tip

#국민투표로 개헌했지 #대통령 직선제 시작
#4·19 민주 이념 계승 #국민의 기본권이 강조되었어

다른 나라는 어때?

천안문 6·4 항쟁

중국 공산당에 반대해 1989년 중국 베이징 천안문 앞에서 벌어졌던 대규모 집회였습니다. 일당 독재로 인한 부정부패를 청산하고 민주화로 나아갈 것을 요구한 항쟁이었는데요, 한국의 6·10 민주항쟁의 영향을 받았다고 합니다.

4월 중순 지식인과 대학생을 중심으로 시작되었고요, 각계각층의 시민들이 참여하면서 대규모 집회로 발전했습니다. 대학 교수, 법조인, 언론인 나아가 일부 공무원과 경찰까지 함께했습니다. 무력을 쓰지 않고 평화롭게 이어갔기 때문에 정부의 강경 진압을 전혀 예상하지 못했는데요, 중국 공산당이 탱크까지 투입해 진압에 나서면서 많은 중국인이 목숨을 잃었고 항쟁은 끝이 났습니다. 이후로도 오랫동안 관련자들에 대한 탄압이 이어졌고요.

기록은 곧 역사
'기록의 날'

"태종 4년(1404년)에 태종은 사냥을 나갔다가 실수로 말에서 떨어졌습니다. 태종은 급히 일어나서 좌우를 둘러보며 이 사실을 '사관이 알지 못하게 하라'고 말했습니다."

《조선왕조실록》에 나오는 내용입니다. 이 책은 조선의 왕과 신하들이 어떤 사람들이며 어떻게 국정을 논의해 나라를 운영했는지 연, 월, 일 순으로 자세히 기록하고 있습니다. 주변국과의 외교와 국방은 물론 지방에서 일어난 소소한 일들까지 많은 사건이 이 책에 담겨 있습니다. 조선의 모습을 있는 그대로 후세에 남기려는 목적이죠.

태종은 분명 '사관이 알지 못하게 하라'고 명령했는데요, 기록을 담당했던 사관은 왕이 그런 말을 했다는 사실까지 실록에 적었어요. 국왕이 있는 곳이라면 어디든 달려가 왕의 언행을 낱낱이 붓으로 옮겼죠. 태조부터 철종까지 25대 왕의 실록이 현재까지 1,893권 남아 있습니다. 실록 덕분에 열린 정치가 가능했고, 부정부패를 막을 수 있었습니다. 오늘날의 우리는 조상의 지혜를 배울 수 있고요.

과거의 경험과 생각이 기록으로 남아 전해지는 덕분에 인류는 지금과 같은 문명을 이룰 수 있었습니다. 실수를 반복하지 않으려고 노력하고 더 나은 방법을 찾아가며 앞으로 나아갈 수 있었죠. 우리나라는 옛날부터 투철하게 기록을 남겼습니다. 실록 외에도 궁궐의 행정, 의례(행사를 치르는 일정한 법도)를 기록한 《승정원일기》 같은 위대한 기록물을 많이 갖고 있지요.

안타깝게도 이러한 전통은 일본의 지배를 받으며 한동안 끊겼습니다. 2005년에 이르러 감사원이 조사한 실태는 충격적이었어요. 제1차부터 제5차까지의 개정 헌법 원본은 일반 서류와 한데 묶여 있었고요, 제헌 헌법 원본은 아예 없었습니다. 각종 화폐, 우표의 원본도 사라졌고요. 당시 노무현 전 대통령은 국가 기록의 혁신에 나섰습니다. 공공기록물법을 전면 개정해 관리 체계를 바로잡았습니다. 대통령기록물법을 만들어 국정 운영 과정을 전자 문서로 보존할 수 있도록 제도화했습니다. 실록의 정신을 되살린 것이죠.

역사를 잊은 민족에게 미래는 없다는 유명한 말이 있죠? 기록의 중요성은 어느 나라, 어느 사람에게나 마찬가지입니다. 2008년부터 국제기록관리협의회ICA가 이를 강조하기 위해 6월 9일을 '세계 기록의 날'로 제정했고, 2020년부터 우리나라에서도 국가기념일로 삼았습니다.

아무튼 탄소중립
'세계 차 없는 날'

도로를 가득 채운 차들이 뿜어내는 배기가스에 숨이 막혔던 기억이 있나요? 가뜩이나 비좁은 골목길에 커다란 차가 들어오는 바람에 가장자리로 바짝 붙어야 했던 기억은요? 자동차는 가장 흔하게 문명의 편리함을 느끼게 해주는 수단입니다. 추위와 더위를 뚫고 원하는 곳으로 편안하게 데려다주죠. 하지만 이 편안함에는 큰 대가가 따릅니다.

초록별 지구에는 80억 명에 가까운 사람들이 살고 있습니다. 어림잡아 차량도 15억 대에 이른다고 하고요. 화석연료를 태우는 자동차는 부릉거릴 때마다 이산화탄소를 뿜습니다. 이산화탄소는 대표적인 온실가스인데요, 지구온난화를 일으켜 북극과 남극의 얼음까지 녹이고 있습니다. 북극곰이 살 곳을 잃어 가고 있다는 소식, 아마 뉴스에서 봤을 거예요. 이대로라면 기후가 엉망진창으로 변하면서 사람도 살기 힘들어집니다.

물론 멋진 차는 성공의 상징처럼 여겨지고, 부러움을 사기도 합니다. 하지만 차 때문에 많은 문제가 생기기도 해요. 아무리 비싸고 좋은 차를 사도 교통체증이나 주차장 문제를 겪는 것은 똑같고요. 차가 너무 많아서 생기는 문제지요. 거리에 불법 주차한 차들 때문에 불편했던 적 아마 있을 거예요. 이대로 차가 계속 많아진다면 값비싼 고물로 전락할 수도 있을 것 같아요. 그렇다고 차를 버릴 수도 없고, 어떻게 해야 할까요?

9월 22일은 '세계 차 없는 날'입니다. 절충점을 찾기 위해 유엔이 제정한 날인데요, 1년 중 단 하루만이라도 자발적으로 자동차를 타지 말자는 뜻으로 만들었어요. 대중교통을 이용하고 가까운 거리라면 걷거나 자전거를 타는 경험을 통해 자동차 사용을 줄여 나가자는 취지로 이뤄지고 있죠.

차가 없으면 온실가스를 큰 폭으로 줄일 수 있습니다. 유엔은 2015년 차 없는 날 프랑스 파리의 탄소 배출량이 40%나 줄었다고 밝혔습니다. 자동차가 차고에서 자는 시간이 길어질수록 사람이 숨 쉬기는 편해지는 겁니다. 안타깝게도 아직 우리나라에서는 차 없는 날에 교통 상황이 나아졌다는 소식은 들리지 않네요. 주위에 널리 알려야겠죠?

3

시민을 위해,
민주를 향해

7월

July

1

사회적기업의 날

사회적 가치로 돈 벌기

매년 7월 1일은 사회적기업을 널리 알리기 위한 기념일입니다. 일반 기업은 이익을 얻는 것을 목적으로 하지만, 사회적기업은 공익을 우선시해요. 사회적기업에 대한 국민의 이해를 높이고 사회적기업가의 활동을 장려하기 위해 기념일을 제정했습니다. 기념일부터 1주간을 '사회적기업 주간'으로 삼아 정책 마련을 위한 토론회 등 각종 행사를 하고요.

사회적기업은 장애 때문에 취업에 어려움을 겪는 사람처럼 사회에서 소외된 부분을 활동 영역으로 삼습니다. 국가에서 펼치는 복지 정책을 보조하는 역할도 하고요. 모든 구성원이 더 건강하고 행복한 삶을 살 수 있도록 돕는 일을 사업으로 삼는 겁니다. 그런 일이 가능해지려면 주변의 관심과 도움이 필요하겠지요.

내 영혼을 위한 급식

온종일 시간을 보내야 하는 학교에서 가장 즐거운 시간은 언제일까요? 사람마다 다를 수 있겠지만 급식 시간을 빼놓을 수 없습니다. 오전 수업을 마칠 무렵이면 배에서 신호가 오죠. 묵직해진 머리를 잠시 쉬게 해주면서 허기를 달래는 겁니다. 식사 전후로 친구들과 수다도 떨고요. 먹느라 떠드느라 입은 이중으로 즐겁습니다. 그날의 메뉴가 무엇일지 기대하는 일도 고된 학교생활의 소소한 활력소가 됩니다.

하지만 영국 학생들은 2000년대 초반까지 급식 시간을 별로 기대하지 않았습니다. 놀랍게도 대부분 학교에서 인스턴트 음식과 탄산음료, 과자 따위가 메뉴였거든요. 맛도 없을뿐더러 영양가도 부족한 엉망진창 식단이었죠. 성장기 학생에게 잘못된 식습관을 들이게 했습니다. 영국의 미래를 해치는 일이었죠.

잘못된 급식 문화를 바꾸기 위해 제이미 올리버라는 영국의 유명 요리사가 앞장섰어요. 그는 학생들이 그동안 얼마나 쓰레기 같은 음식을 먹고 있었는지 눈으로 보고 깨달을 수 있도록 충격 요법을 썼습니다. 이를테면 급식 메뉴인 치킨너겟이 사실은 닭의 껍데기와 고기 찌꺼기를 뭉쳐 튀긴 재활용품이라는 충격적인 사실을 학생들에게 직접 보여줬죠. 올리버는 학부모와 정부를 향해 조금만 노력하면 그런 현실을 바꿀 수 있다고 호소했습니다.

그는 기회가 주어지자 성공 사례를 만들었습니다. 영양 면에서 균형 잡힌 급식이 이뤄지도록 음식 재료부터 바꿨어요. 같은 값으로 좋은 재료를 구할 수 있도록 학교에서 가까운 지역 농장과 직접 거래하도록 했지요. 인스턴트 음식만 요리하느라 실력을 잃어버린 학교 요리사들이 재교육을 받을 수 있게끔 했고요. 거기서 그치지 않았습니다. 그는 학교생활에 적응하지 못해 잘못된 길로 빠졌던 청소년들에게 요리를 가르쳤어요. 맛있는 음식과 훌륭한 서비스를 경험하게 해 삶의 새로운 맛에 눈을 뜨게 한 겁니다. 그들에게 일자리를 주고 어른으로 독립할 수 있도록 도왔습니다.

사회적기업의 날

7월 1일

올리버 덕분에 혜택을 입은 사람이 많습니다. 지역 농가가 살아났고, 학교 식당에서 일하는 직원들의 처우가 좋아졌습니다. 어둠 속에 있던 청소년들에게 희망을 줬고요. 무엇보다 수많은 학생이 건강하게 자랄 수 있도록 했습니다. 그럼 올리버는요? 그는 이 과정에서 얻은 유명세 덕분에 돈을 아주 많이 벌어 가족들과 함께 성에서 살고 있답니다.

논제로섬 게임

"황금을 보기를 돌같이 하라!"

고려시대 최영 장군이 남긴 격언인데요, 말뿐만 아니라 그는 실제로 평생 헛된 욕심을 부리지 않았다고 합니다. 본받을 만한 훌륭한 위인임이 틀림없기는 한데, 과연 돈을 많이 벌면 무조건 나쁜 사람일까요? 최영 장군은 지금으로 치면 고위직 관료였습니다. 국민의 세금으로 급여를 받는 위치에 있으면서 재물까지 탐하면 자칫 뇌물죄로 감옥에 갈 수도 있습니다. 하지만 모두가 공직에 있는 것은 아니잖아요? 게다가 불법이 아닌 한 자본주의 사회에서 황금을 돌같이 여기는 건 어리석은 일이에요. 올리버처럼 좋은 일을 하면서 부자가 될 수도 있습니다.

최영 장군 말고도 위인들이 남긴 어록 중에는 돈에 대해 부정적인 관념을 심는 것이 많습니다. 돈보다 명예를 강조하죠. 마음의 양식이 충분하면 돈이 없어도 풍요로운 삶이니 너무 돈만 좇지 말라고 합니다. 부를 쌓는 일이 마치 다른 사람 것을 빼앗아 내 배를 불리는 일인 것처럼 말하는 것 같기도 하네요.

'제로섬 게임'은 게임에 참가한 두 사람 중 승자가 얻는 이득과 패자가 잃는 손실의 총합이 제로(0)가 되는 게임을 가리킵니다. 즉, 내가 10을 얻으면 상대가 10을 잃고, 상대가 10을 얻으면 내가 10을 잃게 되는 게임이죠. 대표적으로 도박이 그렇고요, 많은 후보 중 한 사람만 당선되는 선거가 그렇습니다. 이긴 쪽이 모든 걸 차지하기 때문에 치열한 대립과 경쟁이 일어날 수밖에 없습니다. 그런 상황에서 내가 잘해서 이기려는 생각 못지않게 상대방에게 해를 끼쳐 무너뜨리려는 생각이 들기도 합니다. 어차피 결과는 똑같으니까요.

다행히 세상은 제로섬 게임만으로 움직이지 않습니다. 서로 어떻게 협력하느냐에 따라 양쪽 모두 이득을 보는 경우가 오히려 더 많습니다. 대표적으로 은행에 넣는 예적금이 있습니다. 은행은 고객이 맡긴 돈을 투자해 이익을 얻고, 고객도 이자를 받을 수 있습니다.

학교 앞에 분식집이 원래 하나가 있었는데, 그 옆에 또 다른 분식집이 생기면? 학생 수는 정해져 있으니 뺏고 뺏기는 경쟁이 일어날 수 있습니다. 제로섬 게임이 벌어지는 거죠. 그런데 맛있는 분식집이 여럿 있으면 그 학교 학생뿐만 아니라 주변에서 더 많은 손님이 소문을 듣고 찾아올 수 있습니다. 논제로섬 게임으로 바뀌는 것이죠. 학생들을 두고 다투는 것보다 훨씬 큰 이익을 함께 얻을 수 있는 겁니다. 서로 협력해 공동의 이익을 키우는 것인데요, 여러분은 어떤 게임을 하고 싶나요? 나란히 장사하는 이웃끼리 싸우는 편이 좋을까요, 사이좋게 더 많은 손님을 함께 맞는 편이 좋을까요?

기업이 돈만 좇을 수 없는 이유

대한민국은 자유 시장주의를 기본 경제 질서로 삼고 있습니다. 누구든지 자유롭게 재화와 서비스를 사고팔 수 있죠. 다른 사람보다 좋은 물건, 훌륭한 서비스를 제공하면 시장에서 더 높은 가치를 인정받을 수 있습니다. 헌법은 다음과 같이 말합니다.

〈헌법 제119조〉
① 대한민국의 경제 질서는 개인과 기업의 경제상의 자유와 창의를 존중함을 기본으로 한다.

자유와 창의를 존중하는 경제 질서는 사람들의 돈 벌고자 하는 의욕을 넘치게 했고, 오늘날의 경제 발전을 이루는 원동력이 되었습니다.

그렇지만 다른 건 다 무시하고 오로지 돈만 좇으면 많은 문제가 생깁니다. 특히 덩치가 큰 기업은 더욱 그렇습니다. GDP(국내총생산)는 한 나라의 가계·기업·정부를 비롯해 경제 활동을 하는 모든 주체가 1년 동안 생산한 재화와 서비스의 시장가치를 모두 더한 것으로써, 그 나라의 전반적인 생산 활동 수준과 경제 규모를 나타내는 지표입니다. 우리나라 대기업 중 한 곳은 이 GDP의 5% 이상을 차지할 정도로 덩치가 큰데요, 그만큼 사회에 끼치는 영향도 막강합니다.

학교에 커다란 코끼리가 들어와 있다고 생각해 볼까요? 정해진 길로만 점잖게 오가며 학생들과 사이좋게 지내면 괜찮은데, 마구잡이로 날뛰면 심각한 문제가 생길 겁니다. 운동장에서 축구하는 학생들 사이로 뛰어들면 얼마나 위험하겠어요. 심지어 교실로 들어와 코를 휘두르기라도 한다면요? 입맛 당기는 대로 풀과 나무를 뜯어 먹고 아무 데나 볼일을 보면 정말 골치 아플 겁니다.

기업의 활동에는 수많은 사람이 영향을 받습니다. 기업은 우선 사무실과 공장에서 함께 일하는 직원들의 안전과 평안을 보장해야 합니다. 제품을 만드는 과정에서 공해 물질을 배출하지 않는지 신경 써야 하고요. 생산한 물건에 이상이 생기면 그 물건을 구매한 소비자가 피해를 봅니다. 그 예로 유독 물질이 포함된 가습기 살균제로 많은 사람이 고통을 받기도 했어요. 법은 안 지키면서 권력을 이용해 특혜를 받으려 할 수도 있죠. 그 바람에 대통령이 탄핵당해 감옥에 가는 사건도 있었고요.

이익만 좇아 저지르게 되는 잘못들을 그냥 내버려 두면 결국엔 소비자를 잃게 됩니다. 그러므로 기업도 사회적 책임을 져야 합니다. 영향력이 큰 만큼 더욱 조심해야 하죠. 투명하고 윤리적인 기업 활동이 이뤄지도록 끊임없이 노력해야 합니다. 그래야 사회와 국가 안에서 오랫동안 함께하면서 발전할 수 있습니다.

돈도 벌고 좋은 일도 하고

한발 더 나아가 봅시다. 처음부터 돈 말고 다른 가치를 우선하는 기업은 어떨까요? 기업이 끼칠 수 있는 영향력을 사회에 필요한 곳에 쓰는 겁니다. 제이미 올리버가 그랬던 것처럼요. 물론 유명인이 아니고서야 개인의 목소리에 귀를 기울이게 하기는 어렵습니다. 하지만 많은 사람과 자본을 갖춘 기업이라면 훨씬 가능성이 큽니다. 창업할 때부터 목표 자체를 다르게 세우는 거죠. 돈을 벌지 말자는 게 아닙니다. 좋은 일을 하면서 돈도 벌자는 겁니다.

그런 일이 있냐고요? 사회적기업이 바로 그렇습니다. 사회적기업은 일반적으로 취업에 어려움을 겪는 장애인에게 일자리를 제공합니다. 안내 표식과 보조 장치만 잘 갖추면 그들이 모여서 할 수 있는 일은 얼마든지 있거든요. 또 먹는 데는 지장이 없지만, 흠이 있어 백화점이나 마트에 공급하기 어려운 농산물을 원하는 소비자에게 시중 가격보다 싸게 공급하는 일도 있습니다. 그야말로 돈도 벌면서 좋은 일도 하는 거죠.

혹시 지하철 입구에서 노숙인이 파는 잡지를 본 적 있나요? 〈빅이슈〉는 일시적인 사정으로 경제적 어려움에 빠진 노숙인들이 다시 일어설 수 있도록 돕는 잡지입니다. 판매를 원하는 노숙인에게 우선 10부를 무료로 제공하고요, 이후 정식 판매원으로 활동할 자격을 얻으면 판매 수익의 절반을 가져가게 합니다. 열심히 일하면 다시 자립할 수 있다는 메시지를 전달하죠. 배우나 가수 등의 유명인이 모델료나 원고료를 받지 않고 기꺼이 재능 기부로 참여하기 때문에 볼거리도 많습니다.

우리나라에서는 1990년대 말부터 사회적기업에 관해 눈을 뜨기 시작했고, 2000년대 이후 복지 차원에서 정부도 적극적으로 도입하고 있습니다. 2007년에 만들어진 '사회적기업 육성법'과 2011년에 세워진 한국 사회적기업 진흥원을 통해 사회적기업이 국가 지원을 더욱 적극적으로 받을 수 있게 되었습니다. 만약 장래 희망이 사업가라면, 진지하게 사회적기업 운영을 꿈꿔 봐도 좋겠습니다.

기업이 사회적 책임은 나 몰라라 한 채 돈만 좇아 활동하면
어떤 일들이 벌어질까요?

tip

#근로자의 인권은 어떡해 #소비자가 피해받고 #환경 오염
#부정부패까지

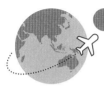

다른 나라는 어때?

세계의 사회적기업

미국과 유럽 각국에는 다양한 형태의 사회적기업들이 있는데, 정부와 지방자치
단체 중간 지점에서 필요한 역할을 담당하기도 합니다. 노숙자, 실업 문제로 어려움
을 겪고 있던 지역에서 버려진 공장을 활용해 문화 공간을 만드는 사업이 좋은 예
입니다. 지역 경제와 취약 계층을 동시에 살리는 일이거든요.

사회적기업 역시 첨단 산업을 이끕니다. 미국의 한 업체는 세계 최초 3D프린
터로 집을 찍어 내는 방법을 개발했는데요, 재난으로 집을 잃고 텐트에서 생활하는
사람들을 도우려는 생각이 혁신으로 이어진 겁니다. 500만 원 정도면 24시간 만에
집 한 채를 뚝딱 짓습니다. 다만 공공의 이익을 우선시하는 만큼 일반 기업에 비해
돈을 벌기가 쉽지는 않아 정부의 지원도 필요합니다. 미국에서는 세금을 깎아 주거
나 필요한 물품을 정부가 우선 구매해 주기도 하고, 프랑스에서는 정부가 나서서
사회적기업과 투자자를 연결해 주기도 합니다.

7월
July

11

인구의 날

80억 인구가 절반으로 줄면

나라에 아기 울음소리가 들리지 않고 있습니다. 의학의 발달 덕분에 수명은 놀랍게 늘어났지만, 그에 비해 출산율은 낮아지고 있거든요. 어른은 많은데 젊은이는 급격하게 줄어드는 '인구절벽'이 현실로 다가오고 있습니다.

7월 11일은 인구의 날입니다. 서둘러야 할 대한민국의 인구 문제 대응을 위해 기념일로 제정했죠. '출산은 곧 1+1'이라는 뜻을 담아 11일로 정했습니다. 인구의 날 기념행사에서는 출산율을 높이는 방안을 함께 찾아보고 아빠의 적극적인 역할과 같은 육아에 필요한 가족 문화에 대해서도 다룹니다.

현실에 존재했던 타노스

영화 〈어벤져스〉 시리즈에는 고뇌에 가득 찬 빌런 타노스가 등장합니다. 그는 인류를 비롯한 생명체의 숫자가 너무 많아서, 유한한 우주의 자원을 마구 써버리는 바람에 다 함께 어려워지고 있다고 생각합니다. 결론은 뻔한데 아무도 나서지 않는다고 혼자 괴로워하고요. 우주의 절반을 한꺼번에 없애겠다는 끔찍한 계획을 세우기에 이릅니다. 심지어 그런 자신의 존재는 '필연적Inevitable'이라고 자기 합리화를 하죠. 누군가는 나서서 해야 할, 피할 수 없는 일이라는 망상입니다.

사실 이런 고민은 타노스가 처음은 아닙니다. 영국의 인구학자

이자 경제학자였던 토머스 맬서스가 1798년 저서 《인구론》을 통해 다음과 같이 주장했습니다. 인구는 기하급수적으로 늘어나는데 식량의 증가는 더디니 앞으로는 식량이 부족하게 될 것이고, 그에 따라 가난과 범죄가 판치게 될 것이라고요. 결국 기아와 전쟁, 전염병으로 인구가 줄어드는 일은 필연적이라고 했습니다. 물론 타노스처럼 사람들을 없애자고 하지는 않았습니다. 대신 가난한 사람들은 아이를 갖지 못하게 막자고 했죠. 뭐, 도긴개긴이라고 해야겠죠?

놀라기에는 아직 이릅니다. 맬서스의 목소리에 대한민국이 귀를 기울였습니다. 1960년대 우리나라는 6·25 전쟁으로 매우 황폐했습니다. 가뜩이나 힘든데 출산율은 6명에 이르렀고요. 먹여야 할 입은 많은데 먹을 것이 부족했죠. 당시 정부는 산업을 발달시켜 식량 생산량을 늘리는 것보다 인구를 줄이는 데 먼저 관심을 쏟았어요. "덮어놓고 낳다 보면 거지꼴을 못 면한다"라는 구호 아래 산아 제한 정책을 펼쳤습니다. "딸 아들 구별 말고 둘만 낳아 잘 기르자" "하나씩만 낳아도 삼천리는 초만원" 같은 표어들이 1970~1980년대까지 이어졌습니다.

그런데 그 이후 대한민국의 출산율은 점점 줄어들었습니다. 보통 한 세대를 30년으로 보는데요, 인구 감소 정책이 한창이던 무렵 혼인을 했던 세대는 물론이고 그 자녀들 역시 아이 낳기를 꺼렸습니다. 2000년 이후 급속도로 떨어진 출산율은 급기야 2020년 0.8명까지 낮아졌습니다. 두 사람이 만나 한 명의 아이조차 낳지 않는 상황인거죠. 1960년대 산아 제한 정책이 너무 잘 먹혔던 걸까요?

출산율이 낮아진 데는 많은 원인이 있습니다. 교육비를 비롯해 자녀를 키우는 데 필요한 경제적 부담이 크다는 점을 꼽을 수 있고요, 청년이 좋은 일자리를 찾기 힘든 반면 주거 비용은 너무 올랐다는 사실도 빼놓을 수 없습니다. 그렇다 보니 사회적 가치관도 많이 달라졌고, 이제는 더 이상 결혼과 출산을 당연한 일로 받아들이지 않게 되었습니다. 이 모든 요소가 복합적으로 작용하기 때문에 저출산 문제를 극복하기는 쉽지 않습니다.

아이들의 울음소리가 그치면

출산율은 지금의 인구를 유지하는 데 필요한 수준을 알려주는 수치입니다. 유엔 유럽경제위원회UNECE에 따르면 2.1 정도는 되어야 한다는데, 우리나라는 절반도 안 되는 겁니다. 한 세대를 30년으로 본다고 했잖아요. 30년 뒤 태어나는 아이들은 지금 태어나는 아이들의 절반 정도에 그치는 겁니다. 그렇게 몇 차례 반복하다 보면 대한민국이라는 나라가 없어질 수도 있지 않을까요? 실제로 영국 옥스퍼드 대학의 한 연구소는 인구 부족으로 지구에서 가장 먼저 사라질 나라로 대한민국을 꼽기도 했습니다.

이미 2021년에 우리나라는 총인구가 줄어드는 일을 겪었습니다. 세상을 떠나는 사람의 숫자가 태어나는 아이보다 많았거든요.

정부 수립 이후 72년 만에 처음 생긴 일이었습니다. 질병이나 전쟁 없이 이렇게까지 인구가 줄어드는 일은 인류 역사상 처음이라고 합니다.

이 상황을 타노스라면 흐뭇해할까요? 그가 바란 대로 인구가 줄었으니 훨씬 편안하고 행복하게 살 수 있을 것이라고요? 글쎄요. 서울 같은 대도시에 살고 있다면 당장은 뭐가 문제인지 느끼기 어려울 수도 있습니다. 대중교통은 여전히 많은 사람으로 붐비고 학생들은 인서울 대학에 가기 위해 치열하게 경쟁합니다. 일자리가 부족하다는 뉴스도 여전하고요.

그러나 농촌과 지방 소도시에서는 인구 감소의 영향이 이미 나타나고 있습니다. 농어촌의 모습을 보여 주는 TV 프로그램을 보면 나오는 사람들은 대부분 할아버지, 할머니입니다. 젊은이들은 시골에서 사라진 지 벌써 오래거든요. 새로 태어나는 아이는 더더욱 없겠죠. 그렇게 인구가 줄어들다 보면 병원처럼 꼭 필요한 시설이 없어집니다. 그러면 더욱 살기 어려워져 사람들이 떠나게 되고, 마을은 텅 비게 됩니다.

소도시들 역시 사정은 마찬가지입니다. 대도시와 달리 인구가 조금만 줄어도 크게 영향을 받거든요. 인구 감소에 따라 기반 시설과 산업이 줄어들면 젊은이들은 일자리를 찾아 대도시로 떠납니다. 그만큼 그 지역의 출산율은 떨어질 거고요. 악순환이 이뤄지는 겁니다. 지방에 있는 초중고 학교들은 아이들이 없어지면서 이미 많은 곳이 문을 닫았습니다. 대학도 마찬가지고요. 입학시험을 면제하고 장학금 혜택을 늘려도 소용이 없습니다. 고용노동부 산하 한국고용정보원은 이미 전국 시·군·구 40%를 '소멸 위험 지역'으로 보고 있습니다.

우리 사회는 고령화 사회

농촌과 소도시가 줄어드는 것에 그치지 않을 겁니다. 아직 대도시는 괜찮다고 느낄 수도 있지만 가까운 미래에 도시를 포함한 나라 전체가 큰 어려움에 빠질 수 있습니다. 일할 수 있는 사람이 부족해지기 때문이에요. 생각해 보면 굉장히 간단한 계산이죠. 우리나라 결혼 부부의 출산율이 0.8에 머문다고 했잖아요. 일하던 부부가 나이가 들어 경제력을 잃으면 성장한 자녀가 부모님의 뒤를 이어야 하는데, 그때 노동력이 딱 절반으로 줄어드는 겁니다. 두 명에서 한 명으로 줄어드는 거니까 절반으로 뚝 떨어지는 게 맞죠.

일반적으로 일할 수 있는 나이를 15세부터 64세까지로 보는데요, 이를 사회 전체의 '생산 가능 인구'라고 합니다. 이 인구가 생산 불가능 인구, 즉 나이가 어리거나 많은 인구를 부양합니다. 우리나라의 경우 2050년 무렵이면 일할 수 있는 한 사람이 그렇지 못한 한 사람을 책임져야 합니다. 인구 분포상 이미 정해진 일이에요. 지금의 청소년이 어른으로 한창 일할 때인데요, 이후로 점점 더 심각해질 전망입니다. 우리가 맞이하는 미래와 타노스의 계획에는 결정적인 차이가 있습니다. 모든 나이대가 골고루 줄어드는 것이 아니라 젊은 사람부터 줄어들죠. 출산율 저하는 고령화 사회를 불러옵니다.

그런 상황에서는 버는 돈의 상당 부분을 자신을 위해 쓸 수 없게 될 수 있습니다. 고령 인구를 부양하는 데 필요한 돈으로 국가가 걷어 갈 수 있거든요. 그럼 씀씀이를 줄여야겠죠? 소비가 줄어들면 경제는 활력을 잃을 테고, 그럼 다시 개인의 소득이 줄어드는 일로 이어집니다. 세금도 덜 걷히겠죠. 따라서 연금으로 줄 수 있는 돈도 적어질 거고요. 가뜩이나 경제적 어려움을 겪던 사람들은 더욱 어려워질 겁니다. 물론 형편이 나은 사람에게도 결코 좋은 세상은 아닙니다. 빈부격차가 커질수록 사회는 불안정해지니까요. 궁극적으로는 대한민국이라는 국가의 경쟁력도 약해지는 겁니다.

경제적인 문제만이 문제가 아닙니다. 그런 상황이 오면 젊은 세대와 나이 든 세대가 서로를 원망하는 일이 벌어질 수 있습니다. 출산을 두고 남성과 여성이 갈등을 빚기도 하겠죠. 손 놓고 그저 바라만 보면 어떤 결말을 맞이하게 될지는 불 보듯 뻔합니다.

출산율 감소는 전 세계적인 문제

요새 어딜 가도 외국인을 쉽게 볼 수 있는데요, 그들 중 상당수는 우리나라 국적을 취득해 한국 사람이 되기도 합니다. 국제결혼을

하는 커플도 많고요. 출산율 저하를 극복하는 방법이 될 수도 있겠다는 생각이 듭니다. 더 많은 외국인이 이민을 오기 편하도록 법과 제도도 정비하고, 개발도상국에서 일하러 오는 젊은이들을 적극적으로 받아들이는 거죠. 당장 생산 가능 인구를 늘릴 수 있고, 그들이 정착하면 우리 국민이 되어 인구를 늘릴 수도 있을 것 같습니다.

그럴듯한 계획인지 판단하기 위해 세계의 인구 변화를 살펴보겠습니다. 2022년 말을 기준으로 푸른 별 지구 위에는 80억 명이 넘는 사람이 살고 있습니다. 여전히 인구가 늘고 있는 나라들도 있습니다. 인도, 파키스탄, 필리핀, 이집트, 에티오피아, 나이지리아 같은 곳들이죠. 유엔에 따르면 앞으로도 이들 국가에서는 한동안 인구가 늘어날 것이라고 합니다. 하지만 우리처럼 이미 인구가 줄어들기 시작한 나라가 더 많습니다. 인도와 중국이 인구수로 세계 1, 2위를 나란히 차지하고 있는데요, 중국은 우리 못지않게 빠른 속도로 인구 감소세를 보이고 있습니다.

사실 전 세계적으로 출산율은 떨어지고 있습니다. 인구가 늘고 있는 나라들에서도 지금 세대는 분명히 이전 세대보다 아이를 더 적게 낳습니다. 의학 기술의 발달로 기대 수명이 늘어남에 따라 전체 인구가 아직 늘고 있는 것뿐, 출산율은 별개입니다.

인구 감소세는 우리나라가 유난히 빠를 뿐 전 세계적인 흐름은 비슷합니다. 유엔은 2050년 무렵이면 전 세계 평균 수명이 77.2세가 될 것으로 전망했습니다. 그에 따라 65세 이상 노년층의 비율은 16%

로 늘어나고요. 결국 전 세계 국가들은 똑같은 미래를 걱정하고 있는 겁니다. 따라서 이민을 늘리는 건 방법이 될 수 없습니다. 나라마다 국경을 활짝 열고 젊은 층을 서로 국민으로 모시려는 경쟁이 벌어질 수도 있겠지만 그나마도 어느 정도 시간이 흐르면 한계에 부딪힐 수밖에 없습니다.

달라질 세상에 대한 준비

전 세계 국가들은 최악의 상황을 막기 위해 노력하고 있습니다. 우선은 출산율을 높이기 위해 여러 정책을 내놓았습니다. 대표적으로 출산에 따른 경제적 부담을 줄여 주는 각종 지원책입니다. 아이가 태어나면 당장 의식주 비용 지출이 커집니다. 아이가 크면서 드는 교육비도 만만치 않고요. 게다가 부모님 중 한 사람이 일을 못 하게 되는 경우가 생기기도 합니다. 특히 여성의 경우가 그런데요, 아이를 키우기 위해 직장을 아예 그만두거나 근무 시간을 줄여야 합니다. 아이가 어느 정도 크고 나서 다시 취업하려고 하면 경력 단절로 취업이 쉽게 되지 않고요.. 이러한 문제 하나하나가 아이 낳기 꺼리게 만드는 이유입니다.

우리 정부는 이러한 상황을 도와 저출산을 극복하기 위해 2006년부터 2020년까지 무려 380조 원이 넘는 돈을 썼습니다. 그런데도 상황은 크게 달라지지 않았습니다. 비혼이나 동거 등 결혼이 아닌 다른 미래를 계획하는 사람도 많고요. 개인의 선택이기 때문에 결코 그들을 탓할 수는 없습니다. 정부에서 아무리 이것저것 지원해 준다고 해도 여전히 미래가 불안하다고 느끼기 때문입니다. 일자리, 주거 비용, 교육비 같은 문제가 청년들의 마음을 무겁게 짓누르죠.

젊은이들은 미래를 왜 그렇게 불안해할까요? 무엇보다 생애 주기가 달라진 영향이 클 거예요. 과거에는 학교에 다니면서 익힌 지식과 기술로 직업을 선택했고, 직장을 다니다가 생활이 안정되면 결혼을 하고 자녀를 가졌습니다. 그리고 60세 무렵에 퇴직하면 그리 길지 않은 노년을 보냈습니다. 사람마다 우여곡절은 있겠지만 비교적 정해진 길이 있었죠.

지금은 어떤가요? 백세시대라고 하잖아요. 60세에 퇴직해도 앞으로 40년을 더 살아야 합니다. 게다가 과거보다 훨씬 기술이 빨리 발전하고 변화가 빠른 시대다 보니, 어렸을 때 배운 기술로 평생 일을 하기도 어렵습니다. 정년까지 일할 수 있는 직장도 많지 않죠. 건강하게 오래 살 수 있는 건 분명 축복이지만, 노년의 기간을 어떻게 보내야 할지는 준비가 안 된 겁니다.

지금의 청소년 역시 이러한 변화의 흐름 가운데 놓이게 됩니다. 새로운 시대를 만들어 가야 하죠. 어른들에게 물어볼 수도 없습니다. 어른들도 이런 적이 처음이라 잘 모르거든요. 그만큼 우리가 사는 시대는 빠르게 변하고 있습니다. 그러므로 완전히 새로운 시대를 대비해야 합니다. 과거와는 다르게 두 번, 세 번, 어쩌면 평생에 걸쳐 새로운 지식과 기술을 배워야 할 수도 있습니다. 길어진 수명만큼 오래 건강할 수 있도록 몸도 돌봐야 하고요. 60세가 넘어도 열심히 일해야 할 수도 있습니다. 막연한 두려움에 사로잡혀 홀로 인생을 보내기보다는, 지금부터 미래를 준비해서 가정을 이룰지 말지 주체적으로 선택하는 여러분이 되기를 바랍니다.

다른 나라는 어때?

세계 인구의 날

7월 11일은 유엔이 정한 세계 인구의 날이기도 합니다. 인구 문제는 지구촌의
미래가 달린 일입니다. 선진국은 대부분 출산율 저하와 고령화를 겪고 있습니다. 반
면에 개발도상국 중에서 일부 나라들은 여전히 감당하기 힘들 정도로 많은 아이가
태어나기도 하고요. 그러므로 인구 분포에 따라 식량과 자원을 어떻게 배분할지는
나라별로 달라질 수밖에 없습니다.

또한 과학기술의 발달로 인류의 수명이 늘어나는 변화를 전 세계가 공통으로
겪고 있습니다. 많은 나라의 국경이 열리고 자유롭게 왕래할 수 있는 시대인 만큼
각 나라의 인구 문제가 자칫하면 국제적 갈등으로 이어질 수도 있습니다. 그러므로
모든 세계시민이 내 나라뿐만 아니라 이웃 나라에도 관심을 갖도록 하기 위해 세계
인구의 날이 만들어졌습니다.

10월
October

1

국군의 날

모두가 지키는 나라

시민's 개념

대한민국 국군의 위엄을 널리 알리고 장병들의 사기를 높이기 위해 제정된 기념일입니다. 10월 1일은 1950년 한국전쟁 때 북한군을 반격해 우리 군이 38선을 돌파했던 날이에요. 그날의 의미를 기리기 위해 국군의 날로 삼은 것입니다. 과거에는 공군, 육군, 해군이 각각 따로 기념일을 기렸는데요, 1956년부터 이날로 합쳤습니다.

매년 이날이면 각종 기념행사를 합니다. 사열식을 통해 육해공을 대표하는 군인들이 씩씩한 모습을 선보이고요, 전투력을 자랑하는 최신 장비들이 위용을 뽐냅니다. 특수부대의 시범 전투는 보는 이로 하여금 절로 탄성을 자아내게 만들지요. 국가 안전보장에 크게 이바지한 장병들에게 훈장과 포상을 주는 일도 빼놓을 수 없습니다.

장병들의 피, 땀, 눈물

전열을 갖춘 군대의 모습을 실제로 보면 압도적이라고 느낄 겁니다. 수백 명 군인의 총검이 단 하나의 흐트러짐 없이 허공을 가르고, 저공비행을 하는 전투기 편대가 하늘과 땅을 뒤흔들며 연병장 위를 가로지릅니다. 미사일의 추격을 피하고자 터뜨리는 수백 발의 플레어를 흩뿌리며 창공으로 치솟지요.

각종 항공기와 헬리콥터들로 요란했던 하늘 저 높은 곳에서 이어 고공낙하 부대가 등장합니다. 지상 3km에서 뛰어내려 낙하산을 펼치기 전까지 시속 200km를 넘나들며 지상으로 향합니다. 제 몸

국군의 날에는 화려한 행진과 에어쇼 등의 다양한 행사를 개최합니다.

하나 추스르기도 어려워 보이는 허공에서 서로의 손과 발을 잡고 대열을 만들죠. 거센 바람에도 흔들림 없이 하나둘씩 정확하게 연병장에 내려앉습니다. 불과 1~2분 만에 적진 한복판으로 침투하는 상황을 재현하는 겁니다.

적을 마주친 장병들은 특공 무술로 제압하는데요. 흙먼지를 가르며 내지르는 손과 발은 무엇이든 파괴하는 위력을 선보입니다. 그렇다고 맨몸에만 의지하는 건 아닙니다. 과학기술은 군에서도 핵심 역량입니다. 투시경과 무전기, 스마트폰, 카메라를 장착한 미래형 전투원은 실시간으로 팀원, 팀장, 지휘소와 정보를 주고받습니다.

국군의 날 기념식은 매 순간 이처럼 감탄을 그칠 수 없게 만듭니

국군의 날
10월 1일

다. 국가에 대한 자부심이 절로 차오른다고 할까요? 식이 끝나면 연병장 가득 함성을 지르는 장병들에게 아낌없는 박수와 환호를 보내게 되지요. 얼마나 많은 땀, 때로는 눈물까지 흘려야 했을지 상상하기도 어렵습니다. 그들의 수고 덕분에 우리는 오늘도 평안한 하루를 보내고 있는 것입니다.

모든 국민에게 있는 국방의 의무

나라를 지키는 일은 군인 장병들만의 몫은 아닙니다. 법이 정한 바에 따르면 모든 국민이 국방의 의무를 지거든요.

〈헌법 제39조〉
① 모든 국민은 법률이 정하는 바에 의하여 국방의 의무를 진다.

대한민국이라는 나라가 존재해야 그 나라의 국민도 존재할 수 있습니다. 민주주의 국가의 주인이 국민이라는 점을 떠올리면, 모든 국민에게 나라를 지킬 의무가 있는 건 당연합니다.

더구나 우리는 특별한 상황에 놓여 있습니다. 남과 북이 서로에게 총을 겨눴던 한국전쟁의 비극이 아직 끝나지 않았거든요. 잠시 총성이 멈췄을 뿐이죠. 한국전쟁 당시 각 나라의 이해관계에 따라 남한과 북한에 여러 나라의 군대가 참가했고, 한반도는 전쟁의 포화로 불탔습니다. 정전 협정 역시 정작 대한민국이 빠진 상태에서 맺어졌고요. 우리 군대의 힘이 그때는 많이 약했습니다. 그래서 우리는 먼저 강한 군대를 만들어야 했습니다. 그래야 다시는 어떤 나라도 우리를 함부로 대하지 않을 테니까요.

다만 여기서 균형을 잡아야 할 필요가 있습니다. 나라 전체의 역량 중 얼마만큼의 힘을 군대에 쏟아야 할까요? 누가, 어떻게 군대를 유지해야 할까요? 모든 국민에게 국방의 의무가 있다고 해서 모두가 병역의 의무를 질 수는 없습니다. 각자에게 주어진 방법으로 국방의 의무를 다해야 하겠지만 모든 국민이 군인일 수는 없습니다.

〈병역법 제3조〉
① 대한민국 국민인 남성은 「대한민국헌법」과 이 법에서 정하는 바에 따라 병역의무를 성실히 수행하여야 한다. 여성은 지원에 의하여 현역 및 예비역으로만 복무할 수 있다.

우리나라는 병역법이 정하는 바에 따라 19세부터 35세까지의 남성이 병역의무를 수행하는 것을 원칙으로 삼았습니다. 대개는 20대 초중반의 남성이 1년 6개월 동안 군인으로 복무합니다. 신체검사를 통과할 수 있을 만큼 건강하다면 선택이 아니라 필수입니다. 여성은 지원하면 복무할 수 있도록 선택권을 주었습니다.

징병제와 모병제

제도가 그렇다 보니 보통은 남자라면 군대에 가는 게 당연하다고 여기는데요, 꼭 그렇지만은 않습니다. 다시 한번 헌법을 살펴보겠습니다. 앞서 보았듯이 헌법 제39조는 모든 국민은 '법률이' 정하는 바에 의해 '국방의 의무'를 진다고 말합니다. 좋든 싫든 군대에 가야 하는 징병제는 '법률'로 정했기 때문이지 헌법 원칙은 아닌 겁니다. 군대에 가야만 국방의 의무를 다하는 것이 아니고, 가고 싶은 사람만 군대에 가는 모병제로 법률을 만들 수도 있습니다. 다만 지금은 우리나라가 징병제를 택하고 있지요.

실제로 나라마다 제도가 다릅니다. 영국의 국제전략문제연구소가 2018년 조사한 바에 따르면 전 세계 164개국 중에서 징병제를 택한 나라는 71개국입니다. 모병제가 더 많은 거죠. 한 나라에서도 시대 상황에 따라 달라지기도 합니다. 미국은 현재 대표적인 모병제 국가인데요, 1960년대 베트남 전쟁을 치를 무렵만 해도 징병제였습니다. 다만 인구가 넘쳤던 덕분에 군대에 갈 수 있는 남성의 절반 정도만 실제로 복무하면 되었지요. 베트남 전쟁이 끝난 다음 1973년부터 모병제로 바뀌었습니다. 영국, 프랑스, 독일처럼 현대화된 군대를 유지하는 국가들은 거의 모병제입니다.

그럼 우리는 왜 징병제를 택하고 있을까요? 가장 큰 이유는 역시 남북 대치 상황입니다. 북한이 핵 실험을 하거나 미사일을 발사했다는 소식을 가끔 듣는데요, 그럴 때면 TV에 비무장지대의 모습이 어김없이 등장합니다. 세계 어느 곳에서도 찾을 수 없는 안타까운 현장을 지킬 많은 군인이 필요한 겁니다.

현실적인 이유에서 징병제를 유지해야 한다는 목소리도 있습니다. 모병제를 선택하면 아무래도 지금보다 장병들의 급여를 더 올려야 합니다. 그뿐만 아니라 모병제를 하게 되면 장병의 수가 적어지는데요, 적은 숫자로 많은 적을 상대하려면 그 차이를 무기로 극복해야 합니다. 더 좋은 무기를 갖추려면 더 많은 돈이 필요하지요. 또 부유한 집안의 젊은이는 군대에 가지 않고 돈이 필요한 사람들만 가게 될 수 있으니 사회적 차별이 심해질 수 있다는 걱정도 있습니다.

물론 이러한 걱정은 제도를 어떻게 운영하느냐에 달렸다는 반론도 가능합니다. 얼마든지 경찰이나 소방대원처럼 직업으로 만들 수 있다는 주장이지요. 군대에도 단순직부터 각종 전문직까지 다양한 직무가 있는 만큼 꺼리는 일자리가 아닐 수 있다는 겁니다. 놀라울 정도로 무기가 발달한 이 시대에 병력만 따지는 건 군에 대한 이해가 부족하기 때문이라고도 하고요. 오히려 지금처럼 많은 병사를 유지하는 일이 돈이 더 들 수도 있다는 거죠. 나아가 징병제가 남성만을 대상으로 해서 제기되는 남녀 차별 문제도 모병제로 바꾸면 자연스레 해결할 수 있다고 주장합니다.

이 중 어느 쪽을 선택해야 하는지에 관한 논의는 자주 우리 사회

국군의 날
10월 1일

의 숙제로 떠오릅니다. 정답은 없습니다. 다만 무시할 수 없는 중대한 변수는 바로 출산율이 너무 낮다는 거예요. 군대에 갈 수 있는 젊은이들 자체가 너무 적어서, 징병제로 모두 끌어모아도 필요한 숫자를 채울 수가 없습니다. 지금처럼 50만 명 정도의 병력을 유지하기가 애초에 불가능해지는 것이죠. 남성들이 지금의 1년 6개월보다 더 길게 군대 생활을 하도록 하거나, 여성을 징병하지 않는 한 말입니다. 조만간 어떻게든 대책을 마련해야 합니다.

총을 들지 않을 자유

건강한 남성이라도 군대에 가고 싶지 않을 수 있습니다. 국군의 날 기념식을 보면서 가슴이 뭉클해지더라도 직접 군복을 입고 총을 드는 일은 싫을 수 있잖아요. 반대로 전투 훈련에서 흘리는 땀과 멋들어진 제복을 동경할 수도 있습니다. 다양한 사람이 있는데 모두에게 똑같이 병역의무를 강제해야 할까요? 예외를 인정할 수 있을까요?

징병 대상인 남성이 군대에 가지 않으면 원칙적으로 병역법에 따라 형사처벌을 합니다. 그걸 감수하고서라도 군대 대신 감옥에 가겠다는 사람은 어떻게 해야 할까요? 헌법 제19조는 양심의 자유를 기본권으로 보장하고 있는데요, 양심에 따라 군대에 가지 않겠다고 하는, 이른바 '양심적 병역거부'를 인정할 것인지 사회적으로 논란이 된 적도 있습니다.

우선 여기서 '양심'이 무엇인지 이해할 필요가 있습니다. 헌법재판소에 따르면 양심은 세계관, 인생관, 주의, 신조 같은 것들은 물론 누군가의 마음속에서 일어나는 다양한 가치와 윤리를 포함합니다. "어떤 일의 옳고 그름을 판단함에 있어서 그렇게 행동하지 않고는 자신의 인격적인 존재가치가 허물어지고 말 것이라는 강력하고 진지한 마음의 소리"라고 양심을 정의하지요.

중요한 것은 사람마다 마음의 소리가 다를 수 있다는 겁니다. 국가가 함부로 무엇이 옳다고 강요할 수 없죠. 누군가에게는 군인으로 복무하는 것이 양심이지만, 누군가는 도저히 총을 들 수 없는 것이 양심이라는 겁니다.

오랜 논란 끝에 헌법재판소는 2018년 도저히 총을 들지 못하겠다는 사람들을 감옥에 보내는 대신 '대체 복무 제도'를 만들라고 했습니다. 이에 2020년 10월부터 보건복지부, 농림축산부, 문화체육관광부를 비롯한 공공기관은 대체 복무자가 일할 수 있는 자리를 만들었어요. 물론 진짜 양심에 따른 선택인지 판단하기 위해 아주 엄격하게 심사합니다. 그저 군대가 가기 싫은 '비양심'을 막기 위해 복무 기간은 군대보다 깁니다.

군복을 입는 대가?

군대를 선택한 사람이 제기하는 문제가 하나 있습니다. 바로 시간에 대한 보상입니다. 헌법은 다음과 같이 말합니다.

〈헌법 제39조〉
② 누구든지 병역의무의 이행으로 인하여 불이익한 처우를 받지 아니한다.

병역의무 때문에 불이익을 받지 않도록 배려하라고 헌법은 말합니다. 군대에 갔다 온 사람들은 군대에서 1년 6개월의 시간을 보내느라 불이익을 받았다고 말하곤 합니다. 그도 그럴 것이 그 기간에 공부를 더 할 수도 있고, 취업해서 더 빨리 돈을 벌 수도 있으니까요.

보상의 방법으로 거론되는 것이 '군 가산점제'입니다. 병역의무를 마친 사람이라면 각종 취업 시험에서 일정 비율로 점수를 더 주는 거죠. 이 제도에 찬성하는 쪽은 이렇게 주장합니다. 아무래도 군 복무를 하게 되면 하지 않는 사람보다 시간을 손해 보게 되는데, 군 가산점제가 손해 본 만큼의 시간을 보충해 줄 수 있다고요. 물론 여성이라도 군 복무를 한다면 가산점을 줘야겠죠. 무엇보다 군 가산점제가 병역의무를 꺼리는 현상을 어느 정도 막을 거라고 기대합니다.

이에 대해 반대하는 쪽에서는 국민의 기본 의무를 이행하는 일에 보상을 요구하는 건 맞지 않다고 말합니다. 취업 시험에서 요구하는 능력은 다양한데, 군 복무를 했다는 사실만으로 가산점을 주는

건 공정하지 않다고 주장하죠. 군대에 다녀오면 다른 사람보다 뒤처
진다는 가정도 근거가 없다고 말합니다. 군대 문화가 과거와는 많이
달라져서, 학업을 이어가고 취업 준비를 하는 일도 어느 정도 가능
하거든요. 헌법재판소가 이미 한 차례 위헌이라고 선언한 제도인 만
큼 불필요한 논쟁을 반복할 이유가 없다고 말합니다.

어느 쪽이 옳다고 쉽게 판단할 수는 없습니다. 사실 평화를 위해
폭력을 준비하는 일은 인류 역사 내내 이어져 온 모순이지요. 강한
군대가 있어야 국민이 안심하고 편히 지낼 수 있다는 사실은 어느
나라나 마찬가지입니다. 하지만 언젠가는 징병제, 모병제, 군 가산
점제 등의 논란이 필요 없게 되는, 평화로운 세상이 오길 바랍니다.

건강한 남성이라면 의무적으로 군대에 가야 하는 징병제
대신 원하는 사람만 군 복무를 할 수 있는 모병제를
선택하려면 어떤 문제들을 극복해야 할까요?

tip

#남북의 군사적 대치를 끝내 #경제성 따져 보자
#사회적 차별 방지해야 #직업으로 인정하자

다른 나라는 어때?

세계 국군의 날

각 나라마다 군인의 위상을 높이고 국민이 감사하는 마음을 갖도록 국군의 날을 정하고 있습니다. 미국은 1950년부터 해마다 5월 셋째 주 토요일을 기념하지요. 우리나라와 비슷하게 퍼레이드와 에어쇼를 비롯한 각종 행사를 개최합니다. 이날뿐만 아니라 독립기념일(7월 4일), 군 복무를 마치고 퇴역한 군인을 기리기 위한 베테랑 데이(11월 11일), 군 복무 중에 사망한 군인을 애도하기 위한 메모리얼 데이(5월의 마지막 월요일)도 군인이 중심입니다.

영국은 2009년부터 6월 말(25~30일)에 국군의 날을 기념하는데요, 지역별로 특색 있는 행사를 열고 공적을 세운 장병에게 메달을 수여합니다. 중국은 8월 1일을 국군의 날로 제정했습니다. 지금의 중국 공산당 군대인 인민 해방군 창설을 기념하는 날입니다. 러시아는 소련의 정식 군대였던 붉은 군대가 창설된 날인 2월 23일을 '조국 수호의 날'이라는 이름으로 기념하고 있습니다.

10월

October

29

지방자치의 날

풀뿌리 민주주의의 시작

지방자치는 지역과 주민의 다양한 정치적 요구를 반영하는 풀뿌리 민주주의의 장입니다. 우리나라는 1948년 첫 헌법 때부터 지방자치 관련 조항을 마련해 두었습니다. 이에 따라 1952년 최초로 지방의회 의원 선거가 시행되었고요. 하지만 군사혁명으로 정치 환경이 악화되면서 30년 가까이 중단되었습니다.

미뤄졌던 지방자치는 1987년 10월 29일 제9차 헌법 개정으로 슬슬 부활의 조짐을 보였습니다. 그리고 정부는 2013년부터 10월 29일을 지방자치의 날로 정해 기념하고 있습니다. 지방자치의 성과를 국민에게 알리고 중앙과 지방, 그리고 자치단체들 사이의 소통을 더욱 원활하게 하기 위한 날입니다.

내가 사는 지역을 꾸리는 일

여러분이 얼굴과 이름을 아는 정치인이 몇 명이나 있나요? 대한민국 국민이라면 대통령이 누구인지 정도는 당연히 알겠죠? 뉴스를 관심 있게 보는 편이라면 국회의원이나 고위직 공무원 몇 명을 떠올릴 수 있을 겁니다. 명절이나 특별한 정치적 이슈가 있을 때면 주요 길목에 그 지역 국회의원이 걸어 놓은 현수막을 본 적도 있을 거예요. 그럼 동네 의원은 어떤가요? 구청장이나 교육감은요? 막상 내가 사는 지역을 맡은 정치인에 관해서는 보고 들을 기회가 적습니다. 어떻게 생각하면 앞뒤가 바뀐 것 같기도 해요.

관심을 갖기 위해 지역에 관련된 일을 하는 사람이 몇 명이나 되는지 알아볼까요? 편의상 서울을 예로 들겠습니다. 우선 지방선거를 통해 7명을 뽑습니다. 서울시장, 서울시 의원, 구청장, 구의원, 시와 구 각각의 비례대표 의원, 그리고 서울시 교육감입니다. 지방선거 철이면 수십 명의 후보가 선거 벽보에 붙습니다. 그중에서 우리는 딱 7명을 뽑아야 하죠. 제대로 투표하려면 제법 시간을 들여 각 후보의 공약을 살펴봐야 합니다.

선거를 통해 뽑힌 사람들이 자치단체를 이룹니다. 지방자치는 지역·주민·자치권 3요소로 이뤄지는데요, 뭔가 익숙한 개념이죠? 국가를 이루는 3요소를 영토·국민·주권이라고 하잖아요. 지역 정치인들이 하는 일이 국가를 운영하는 일과 비슷한 거예요. 국회의원들이 국회에 모여 회의를 통해 법을 만드는 모습은 많이 봤을 겁니다. 지방의회에서도 자치단체 의원들이 모여 그 지역에 적용되는 법인 조례를 만듭니다. 그 지역에 필요한 정책을 세우고, 예산을 심의하고 의결하지요. 자치단체장은 중앙 정부로부터 맡은 일과 함께 조례의 범위 안에서 그 지역 주민에게 필요한 행정 사무를 관리합니다.

지방자치의 의미를 조금 더 자세히 들여다보면, 단체자치와 주민자치 두 가지가 있습니다. 단체자치는 지방자치단체가 중앙 정부로부터 독립해 행정을 담당하는 것을 말합니다. 지방자치단체의 독립적이고 자율적인 지위와 권한을 강조하죠. 마치 나라 안의 나라와 같습니다.

지방자치의 날
10월 29일

이와 달리 주민자치는 지역 주민의 참여에 무게를 둡니다. 즉 지역 주민이 주체가 되어 그 지역에 필요한 일을 스스로 처리하는 방식이죠. 지역은 비교적 범위가 좁으므로 그 지역에 필요한 일을 주민이 직접 돌보고 정할 수 있는 여지가 많거든요.

사실 이 두 가지를 따로 떼어 놓을 수 있는 것은 아닙니다. 지방자치를 하려면 당연히 시청, 구청처럼 별도의 조직과 그걸 운영할 수 있는 재정을 갖춰야 하니까 단체자치를 해야 합니다. 또한 지역 주민의 목소리에 귀를 기울이지 않는다면 굳이 지방자치를 할 필요가 없으니 주민자치를 해야 하겠죠. 우리 헌법은 지방자치단체에 대해 다음과 같이 정하고 있습니다.

〈헌법 제117조〉
① 지방자치단체는 주민의 복리에 관한 사무를 처리하고 재산을 관리하며, 법령의 범위 안에서 자치에 관한 규정을 제정할 수 있다.

〈헌법 제118조〉
① 지방자치단체에 의회를 둔다.

'풀뿌리'인 이유

대통령도 있고 국회의원도 많아 보이는데, 굳이 지역에도 정치인을 뽑는 이유는 뭘까요? 바로 지역의 일을 좀더 세심히 돌보기 위해서입니다. 아무리 뛰어난 정치인이라도 나라 곳곳에 관해 모두 알 수는 없으니까요.

여러분이 날마다 학교를 오가다 보면 이런저런 바라는 점이 생길 겁니다. 어른들은 눈치채지 못할 만큼 사소하지만, 학생 입장에서는 바뀌었으면 하는 것들이오. 예를 들어 자전거를 타는 데 걸림돌이 되는 높은 턱이 없었으면 한다거나, 지역 특성을 반영한 특성화 고등학교를 만든다거나 하는 일들입니다. 이런 일들은 그 지역을 잘 아는 사람이 나서야 합니다. 전국을 관통하는 고속 철도를 놓는 일과는 다르지요.

주민들이 겪는 어려움 중에는 그 지역 내에서 해결해야 하는 문제들이 있습니다. 중앙 정부나 국회와 소통할 방법도 마땅하지 않고, 전국적인 현상이 아니면 해결하는 절차가 아예 없을 수도 있습니다. 그런 일은 지방자치단체가 훨씬 잘 처리할 수 있어요. 시의원, 구의원은 나와 같은 지역에 살기 때문에 만나기도 쉽고, 지역 사정을 훨씬 잘 알고 있거든요. 생활 밀착형 정치가 이뤄질 수 있죠.

여기서 지방자치의 진짜 중요한 의미를 알 수 있습니다. 정치인들에게 일방적으로 맡겨 놓기만 해서는 제도의 취지를 살릴 수 없어요. 해결해야 할 문제를 주민이 적극적으로 제기하고, 함께 처리할 방법을 찾아야 합니다. 그저 누군가 알아서 해주기만 바라면 달라질 게 없습니다. 주민은 필요한 일에 목소리를 내고, 지역 정치인은 가까이에서 듣는 겁니다. 나라 전체로는 어려울 수 있지만 한 지역에서는 주권을 가진 국민으로서 적극적인 의사를 밝히는 일이 가능하거든요. 무너진 담벼락, 주차 문제로 골치 아픈 골목, 길고양이 때문에 밤이면 너무 시끄러운 주택가… 나의 삶에 직접적인 영향을 주는, 작지만 사소하지 않은 문제들을 직접 해결하는 일이 지역 정치입니다.

풀뿌리 민주주의는 이처럼 국민의 의견을 직접적으로 반영하는, 국민의 삶과 밀접한 정치 구조를 가리킵니다. 풀뿌리에는 무수히 많은 잔뿌리가 뻗어 나와 있잖아요. 잔뿌리들이 물과 양분을 모아서 국가를 만들고 키워 가는 겁니다. 생활 속의 문제를 스스로 풀어 가면서 민주주의를 훈련하고 현실화하는 것이죠. 주민들의 목소리를 들을 지역 의원을 주민이 직접 뽑는 일은 지방자치의 시작점입니다.

지역 정치인을 직접 뽑는 일에서 한발 더 나아가 주민의 뜻을 직접 반영하는 시스템을 만들어야 하는데요, 대표적인 예로 미국의 '타운 미팅' 제도가 있습니다. 이를테면 어느 동네에 주민 회관을 짓자는 안건을 사전에 알려 줍니다. 날을 정해 주민들이 모여 직접 토의하고 표결(투표해 결정함)하죠. 국내 지방자치단체 몇 군데에서도 지역 사업을 위한 예산을 짜는 과정에 주민이 참여하도록 하고 있습니다. 내가 낸 세금을 어떻게 쓸지 주민이 직접 정하고 검증까지 하는 거죠. 이러한 경험을 중앙 정치까지 반영시키자는 것이 풀뿌리 민주주의입니다.

서울이 아니라도 좋다

"사람은 나면 서울로 보내고, 말은 나면 제주도로 보내라"라는 옛말이 있습니다. 망아지는 말의 고장인 제주도에서 길러야 마음껏 뛰며 자랄 수 있고, 사람은 어릴 때부터 서울에서 공부해야 성공할 수 있다는 뜻인데요, 교통과 통신이 발달하지 않았던 예전에는 서울과 다른 지역의 교육환경이 많이 차이 났기 때문에 나온 말입니다. 그렇지만 지금은 그 정도로 심하게 차이가 나지는 않습니다. 일타강사의 강의도 인터넷으로 얼마든지 들을 수 있으니까요. 하지만 직장은 여전히 수도권과 서울에 몰려 있는 것이 현실입니다.

실제로 수도권 집중 현상이 어느 정도인지 살펴보겠습니다. 세계지도를 보면 한눈에 봐도 우리나라의 국토는 작고 소중한 편입니다. 그 작은 국토의 12%에 불과한 서울·인천·경기에 전체 인구의 50%가 넘게 모여 살고 있습니다. 참고로 수도권 집중도는 영국이 23%, 이탈리아는 11%, 독일은 4%에 그치고, 높은 편이라는 일본과 프랑스도 30%대입니다. 우리는 좁은 땅을 더욱 좁게 쓰고 있는 거죠.

어쩌다 이런 일이 벌어졌을까요? 한국전쟁을 치르며 폐허로 변한 나라에는 쓸 만한 천연자원이 없었습니다. 오로지 국민의 노력과 능력에 기대어 다시 일어서야 했죠. 쓸 수 있는 모든 것은 가능한 한 수도권에 모았습니다. 효율을 높이기 위해서였죠. 학교도, 기업도, 정부도 서울을 중심으로 만들어지고 움직였습니다. 지방에서 태어난 젊은이들도 대학으로, 직장으로 가기 위해 서울에 줄지어 모였지요.

그 덕분에 지금의 대한민국은 엄연한 선진국 반열에 오를 수 있었지만, 수도권 편중이라는 커다란 부작용이 생겼습니다. 경제 분야로 접근하면 이 현상은 더욱 심각합니다. 이른바 100대 기업의 80% 이상이 수도권에 있습니다. 1,000대 기업으로 범위를 넓혀도 여전히 70% 이상이 그렇습니다. 수도권에만 너무 많은 사람이 몰리다 보니 공간이 부족해졌습니다. 뉴스에는 날마다 집값 얘기가 끊이지 않고 물가도 높습니다. 좋은 일자리는 대부분 수도권에 있는데, 젊은이가 살기에 이곳의 생활은 너무 팍팍합니다.

서울을 비롯한 수도권에 너무 많은 사람이 몰리다 보니 공간은 부족해지고, 물가는 높아졌어요. 더불어 주차난이나 환경 오염 같은 각종 문제들도 발생했지요.

수도권이 폭발할 지경에 이르는 동시에 지방은 줄어들었습니다. 앞서 인구의 날을 다루면서 농촌과 소도시가 사라지고 있는 점을 짚었는데요, 수도권 편중 역시 그 원인 중 하나입니다. 수도권으로 모이는 젊은이들은 사는 게 힘들다 보니 연애·결혼·출산을 포기합니다. 자연히 인구는 감소할 테고, 결국 대한민국 전체의 위기로 이어지는 상황인 겁니다.

이 위기를 극복하는 길을 지방자치에서 찾을 수 있습니다. 수도권을 뺀 대한민국의 모든 지역이 공통된 문제에 직면하고 있으니까요. 지방에도 좋은 학교와 갈 만한 직장을 만들어야 합니다. 나라 전체를 기준으로 한 획일적인 정책 대신 지역 특성에 맞춰 다양하게 개발해야 하고요. 물론 중앙 정부 역시 주요 시설이 전국으로 나눠질 수 있도록 노력해야 합니다. 행정수도를 세종으로 옮긴 일이 좋은 사례입니다. 꼭 서울이 아니어도 많은 지역이 살기 좋은 지역이 되도록 대한민국을 바꿔 나가야 합니다.

나누고 키우자

지방자치제도가 대한민국의 미래를 바꿀 만큼의 효과를 거두려면 필요한 일들이 있습니다. 우선 책임질 만큼의 자율성을 가져야 합니다. 중앙 정부의 일과 자치단체가 할 일을 나누어야 합니다. 중앙에서 세운 계획을 그대로 실행하는 정도로는 지역 특성을 살리며 발전하기 어렵습니다. 군대를 유지하고 국민 건강을 지키는 일처럼 나라 전체의 기준이 필요한 일도 있지만, 지역에 따라 다르게 접근해야 하는 일들도 있거든요. 정치권력, 경제적 인프라 같은 것들이 지역별로 골고루 나뉠 수 있도록 지방분권(정치권력이 중앙 정부에 집중되지 않고 지방자치단체에 분산된 일)이 뒷받침되어야 합니다.

자치단체에 권력을 나누면 행정은 더욱 효율적으로 이루어질 수 있습니다. 학교 앞에 자전거 보관대를 설치하는 문제까지 죄다 중앙 정부에서 담당하면 아무래도 시간이 오래 걸립니다. 구청이나 동사무소에서 할 수 있는 일이 늘어나면 민원 처리가 훨씬 빨라지겠죠.

또한 지역별로 해결해야 할 문제의 우선순위가 제각각입니다. 고령 인구가 많은 곳과 신생아가 많은 지역의 일의 우선순위는 아무래도 다르겠죠? 자치단체의 결정권이 클수록 중앙 정부가 그런 차이를 일일이 들여다보지 않아도 되니 일 처리가 빨라지고 효율성이 높아질 겁니다. 게다가 공무원 본인이 사는 지역에 관한 일인 만큼 아무래도 좋은 아이디어를 내는 데 적극적일 거고요.

한편 지방분권을 위해서는 자치단체에 필요한 만큼의 돈이 있어야 합니다. 재정 없이는 지방분권도 있을 수 없습니다. 지금은 국민에게서 걷어들인 세금 대부분을 중앙 정부가 사용합니다. 지역은 중앙이 보조하는 형태로 운영하는데요, 그러다 보면 자치단체가 새로운 일을 적극적으로 계획하는 데 한계가 생길 수밖에 없습니다. 지역 주민에게서 걷은 세금은 지역에서 많이 쓰도록 해야겠죠. 중앙 정부는 지역별로 재정 차이가 너무 크지 않도록만 조정하고요.

지방자치는 이처럼 대한민국 전체가 골고루 잘 사는 일입니다. 그런데 사소하지만 중요한 오해가 있습니다. 인구와 인프라가 수도권에 집중된 현실 때문에 '지방'이라고 하면 외딴 시골처럼 여기는 경향입니다. 수도권이 중심이고 그 외의 지역은 변두리인 것처럼 말이죠. 어쩌면 이런 인식부터가 수도권 집중 현상을 불러오는 원인일 수 있습니다. 나라 살림을 꾸리는 정치인은 물론, 국민이면서 지역의 주민이기도 한 우리 모두가 그런 편견에서 벗어나야 하겠습니다.

지방자치의 날

10월 29일

지방자치제도에 지역 주민들이 더욱 적극적으로
참여한다면 어떤 효과를 기대할 수 있을까요?

tip

#지역별 특성에 맞는 #생활 밀착형 정치
#국민의 의견을 직접 전달하는 #민주주의 훈련

다른 나라는 어때?

세계의 지방자치

　나라마다 다양한 형태의 지방자치단체를 운영하고 있습니다. 미국, 독일, 스위스 같은 나라들은 여러 주가 연합한 연방제 국가를 이루고 있는데요, 주 정부는 자체적인 헌법과 법률, 연방 정부와 독립한 기관을 갖고 있습니다. 각 주의 자치권은 엄격하게 보장되기 때문에 연방 정부라 할지라도 함부로 간섭할 수 없습니다. 이에 비해 일본, 프랑스 같은 국가들은 우리나라처럼 단일 정부 아래 헌법이나 법률이 정한 범위 내에서 지방자치단체가 권한을 갖고 기관을 구성합니다. 영국은 혼합된 형태의 지방 정부를 운영하는데요, 중앙 정부가 몇 가지 유형을 정해 놓고 각 지역의 상황에 맞게 선택하도록 합니다.

　전 세계의 지방자치단체들은 중앙 정부와 별개로 국제기구를 이루고 서로 협력하기도 합니다. 유엔이 인정하고 있는 '세계 지방 정부 연합UCLG'에는 약 140개 국가의 24만여 개의 지방자치단체가 회원으로 가입되어 있습니다. 3년마다 총회를 열어서 지방 정부 운영을 위한 지식을 나누고, 지방 정부의 이익을 대변합니다.

11월
November

17

순국선열의 날

호국 정신이 무엇이기에

일본에 빼앗긴 나라의 주권을 되찾기 위해 자발적으로 나서서 싸우다 목숨을 잃은 사람을 '순국선열'이라고 부릅니다. 그들의 독립 정신과 희생을 기리고 후세에 전하기 위해 11월 17일을 순국선열의 날로 정했습니다.

사실 이날은 대한제국의 외교권을 박탈한 을사늑약을 강제로 체결 당한 날이기도 합니다. 대한민국 임시정부는 1939년부터 이날의 치욕을 씻기 위해 일제와 맞서 싸운 독립투사를 추모하는 날로 삼았습니다. 1997년 국가기념일로 지정한 이후 국가보훈처에서 기념식을 주최하고 있습니다.

일본의 간담을 서늘하게

"우리가 지난 40여 년간 일제의 부림을 당했을지언정 하루라도 저들의 시대라 일컬을 수 없음은 오직 순국선열들이 끼치신 피 향내가 항상 이 나라의 기운을 이룬 까닭이오. 수많은 선열이 아니런들 우리가 무엇으로써 서리오. 삼천리 토양 알알 그대로 가히 순국선열들의 열혈이 응어리진 것임을 생각하면서 이 땅을 디딜 때 지난날의 한과 새로운 감회가 가슴에 막혀서 어찌할 줄을 몰랐었나이다."

– 김구, 1945년 12월 23일 순국선열 추념 대회 추모 연설 중

국가 공식 행사나 각종 기념일이면 순국선열과 호국 영령을 위해 묵념하는 시간이 있습니다. 나라를 위해 목숨을 바친 선조들의 희생정신을 기리는 겁니다. 여기서 순국선열은 특히 일본의 침략에 맞서 독립운동을 하다가 목숨을 바친 사람들을 가리키는데요, 일제 강점기에 독립운동을 했던 300만 명 중 15만 명이 순국선열입니다. 참고로 호국 영령은 전쟁에서 나라를 지키다 전사한 명예로운 영혼이라는 뜻입니다.

빼앗긴 나라를 되찾기 위해 싸우다 세상을 떠났다는 사실에 자칫 비통한 감정부터 들 수 있는데요, 그렇게 받아들여서는 안 됩니다. 우리나라의 독립과 자주를 상징하는 인물들이니까요. 그들의 활동은 당시 훨씬 강한 군대와 경찰을 갖고 한반도를 짓밟았던 일본

순국 선열의 날 행사 모습입니다. 이날에는 독립 유공자 유족, 정부 주요 인사, 학생 등 많은 사람이 참여해 순국선열의 독립정신을 함께 기립니다.

순국선열의 날
11월 17일

을 움츠리게 했습니다. 모진 고문을 겪고 처형을 당하면서도 큰 목소리로 일본의 죄를 꾸짖었던 슈퍼 히어로들이었죠.

대표적으로 1909년 10월 26일 안중근 의사가 중국 하얼빈에서 이토 히로부미를 처단한 일은 당시 전 세계를 뒤흔든 사건이었습니다. 이토 히로부미는 총리를 네 번이나 지냈던 일본의 최고 권력자였거든요. 고종을 강제로 퇴임시킨 것도, 한국을 강제로 일본에 합병한 것도 이토 히로부미였습니다. 그런 사람을 이름 모를 한국의 청년이 저격한 것이었습니다.

미국의 유명 신문사인 〈뉴욕 타임스〉를 비롯한 해외 매체들이 대대적으로 이 사건을 보도했는데요, 〈뉴욕 타임스〉 기사의 제목은 "한국 점령에 대한 복수로 이토를 처단하다Slew Ito to Avenge Conquest of Korea"였습니다. 안중근과 우덕순, 조도선 세 사람은 함께 거사를 치르고 충분히 달아날 수 있었는데도 자리를 지켰다고 〈뉴욕 타임스〉는 전했습니다. 범죄가 아니라 독립군으로서의 정당한 행위라는 사실을 전 세계에 널리 드러내는 행동이었죠.

순국선열의 모습은 그랬습니다. 이봉창 의사는 1932년 1월 도쿄에서 일본 왕에게 수류탄을 던졌습니다. 그해 4월에는 윤봉길 의사가 중국 상하이에서 전승을 축하하던 일본군에게 폭탄을 던져 사령관을 즉사시키고 다른 관료와 장성 들에게 중상을 입혔습니다. 독립운동에는 남녀노소가 없었지요. 유관순 열사는 17세의 나이로 아우내 만세 운동을 이끌었습니다. 독립군의 어머니로 불리는 남자현 의

사는 일본 관동군 사령관을 암살하기 위해 폭탄과 총기를 준비했는 데요, 붙잡혔을 때 의병으로 전사한 남편의 피 묻은 옷을 입고 있었 다고 합니다. 그렇게 한 사람, 한 사람이 움직일 때마다 일본은 떨어 야 했습니다.

억지로 맺은 조약

"순국한 분들은 망하게 된 나라를 구하기 위해 또는 망한 국가를 다시 회복하기 위해 목숨을 걸었으니 나라가 망하던 때의 1일을 기념일로 정하는 것이 합당하다. 다만 경술년 8월 29일의 병합 발표는 이미 껍데기만 남은 국가의 종말을 고했을 뿐이다. 사실상 을사년 11월 17일의 늑약으로 나라의 운명이 결정되었기에 이날을 순국선열 공동 기념일로 삼는 바이다."

– 대한민국 임시정부 공보, 1940. 2. 1.

19세기 일본은 일찌감치 서구 문물을 받아들인 다음 경제력과 군사력을 쌓았습니다. 곧이어 한반도에 눈독을 들이기 시작했죠. 우선 자신들의 부를 축적하기 위한 시장으로 삼았습니다. 일본이나 중국에서 만든 물건을 공급하는 대신 곡식이나 금, 은을 비롯한 천연 자원을 헐값에 사들였습니다. 일본이 비싼 값에 파는 서구식 생활용품을 사용하기 시작하면서 조선의 경제는 피폐해져 갔습니다. 세계적인 변화의 후발 주자였던 우리는 더욱 힘을 잃었죠.

순국선열의 날
11월 17일

청나라, 러시아와의 전쟁에서 잇따라 승리를 거둔 일본은 노골적으로 한반도에 대한 욕심을 드러냈어요. 1905년 10월 27일 일본군은 대한제국의 궁궐을 포위하고 아무도 출입할 수 없도록 했습니다. 일본 왕의 특사로 이토 히로부미가 고종 황제를 만났죠. 주변국으로부터 한반도를 보호해 줄 테니 군사와 외교권을 맡기라는 굴욕적인 요구를 했습니다. 고종은 목숨을 잃을지언정 허락할 수 없다고 맞섰습니다. 국민의 의사를 물어야 할 일이고 혼자서 결정할 수 없다고 했습니다.

이토는 국민의 의사를 존중한다는 고종의 뜻을 왜곡하기로 했습니다. 11월 17일 한국 정부의 대신들을 모아 놓고 회의로 정하도록 했죠. 물론 일본군이 둘러싸고 일본 헌병과 경찰들이 무장을 한 채 지켜보고 있었고요. 그런데도 대신들은 쉽게 굴하지 않았습니다. 조약 체결을 반대했죠. 이토는 다시 한 사람씩 따로 의견을 묻기 시작했습니다. 국방부 장관이었던 이완용이 가장 먼저 찬성으로 돌아섰습니다. 이어 박제순, 이지용, 이근택, 권중현이 일본 편에 섰습니다. '을사오적'이 굴욕적인 조약 체결에 나선 것이었습니다.

그렇게 대한제국 황제였던 고종의 옥쇄도 없이 을사늑약을 체결당했습니다. 일본은 '보호 조약'이라 불렀지만, 조약이라고 할 수 없죠. 조약은 나라와 나라 사이의 약속이니까요. 늑약에서 '늑勒'은 소나 말에게 씌우는 굴레를 가리키는데요, 일본은 우리를 짐승처럼 끌어서 강제로 불법 늑약을 체결했습니다. 그날부터 우리는 사실상 독립 국가의 지위를 잃었습니다. 영국, 미국, 독일, 청나라 같은 나라들은 서울에 있던 공사관을 모두 철수했고요.

1909년 안중근 의사가 이토 히로부미를 사살하자 일본은 껍데기만 남아 있던 우리 정부를 아예 없애기로 작정했습니다. 총리를 맡고 있던 이완용이 다시 나섰죠. 1910년 8월 16일 한일 합병 조약이라는 또 하나의 늑약이 체결되어 8월 29일 발표되면서 대한제국이라는 이름마저 사라졌습니다. 하지만 우리 조상들은 그대로 무릎 꿇지 않았습니다.

하루도 포기하지 않았다

하루아침에 나라를 잃었지만 우리는 주저앉지 않았습니다. 한일 합병 조약 이전에는 이를 막기 위해, 이후에는 빼앗긴 나라를 되찾기 위해 나라 안팎에서 끊임없이 싸웠습니다. 다양한 형태의 독립운동 가운데 가장 적극적인 저항은 의병 전쟁이었습니다.

최초의 의병 전쟁은 을미사변에 항거하기 위해 시작되었습니다. 을미사변은 1895년 일본 공사의 지휘로 일본군이 경복궁에 침입해 저지른 만행입니다. 그들은 명성황후를 시해한 다음 석유를 뿌려 시신마저 소각하는 끔찍한 범죄를 저질렀습니다. 이에 전국 각지에서 무기를 들고 일어났고, 복수를 다짐했습니다. 의병들은 지방의 주요 도시를 공격하고 친일 세력을 몰아내려 했지요.

이들은 일시적으로 친일 정권이 무너지면서 흩어졌다가 을사늑약을 계기로 다시 불붙었습니다. 을사늑약이 체결되자 온 나라에 저항 운동의 불길이 거세게 타올랐습니다. 을사오적을 처벌하고 늑약을 폐기하라는 상소가 빗발쳤습니다. 충정공 민영환은 분을 참지 못해 자결했고요. 오적 암살단이 만들어져 을사오적의 집에 불 지르고 숙청을 시도하기도 했습니다.

의병들은 격렬히 항거했어요. 평민뿐만 아니라 군인까지 의병에 합류해 싸웠습니다. 웬만한 전쟁만큼의 규모였죠. 전국 각지에서 일어난 의병은 1만여 명의 연합 부대를 만들어 서울 진격을 시도했습니다. 각국에 서신을 보내 국제법상 정당한 교전으로 인정할 것을 요구하기도 했죠. 일본군의 대토벌로 위축되면서 압록강과 두만강 너머로 도피해야 했지만, 간도와 연해주에서 독립군을 조직해 항전을 이어갔습니다. 안중근 의사 역시 의병 중 한 사람이었습니다.

물론 독립운동은 무력에만 그치지 않았습니다. 약했기 때문에 설움을 겪는다고 판단했고, 극복하기 위해 수백 개의 교육 기관을 만들었습니다. 실력을 키워야 일본의 지배에서 벗어날 수 있다는 간절함으로 신학문을 받아들였지요. 교육을 통한 민족의 혁신으로 독립을 이루려 했습니다. 일본에 의해 사라질 뻔한 우리말과 역사를 지키기 위해서도 노력했습니다. 일본은 끊임없이 우리의 민족 문화를 파괴하고 말살하려고 했거든요. 심지어 1911년부터 아예 학교에서 한글을 쓰지 못하게까지 했습니다. 자칫 우리말을 잃을 수도 있었지요.

3·1 운동과 임시정부

크게 의병 활동과 교육 운동으로 나눌 수 있는 독립운동은 1919년 3·1 운동으로 정점을 찍습니다. 1918년 2월 8일 일본 유학생들은 도쿄에 모여 독립을 선언합니다. 이들은 일본의 침략 행위를 밝히고, 한일 합병은 우리 민족의 의사를 무시한 채 불법적으로 이뤄졌다는 내용의 독립선언서와 결의문을 발표했습니다. 그 사실이 국내에 알려지면서 3·1 운동으로 이어졌죠.

1919년 3월 1일 오후 2시 민족대표 33인 중 지방에 있던 4인을 제외한 29인이 서울 태화관에 모여 독립선언서를 발표했습니다. 탑골공원에 모여 있던 사람들은 '대한독립 만세'를 외치며 만세 운동을 시작했고요. 같은 날 평양, 의주, 원산 등 지방에서도 독립선언식을 하고 만세 운동을 개시했습니다. 1919년 한 해에만 전국 각지에서 1,500여 차례 만세를 외쳤습니다. 사회 지도층은 물론 노동자, 농민, 상공인 할 것 없이 각계각층의 사람이 함께했던 최대 규모의 독립운동이었죠.

3·1 운동으로 우리 민족의 독립 의지는 분명하게 드러났습니다. 뿔뿔이 흩어져 개별적으로 진행했던 독립운동을 국가 차원에서 해

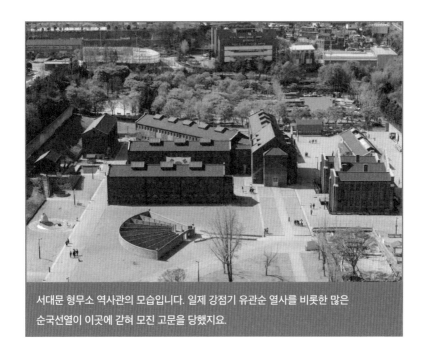

서대문 형무소 역사관의 모습입니다. 일제 강점기 유관순 열사를 비롯한 많은 순국선열이 이곳에 갇혀 모진 고문을 당했지요.

나갈 수 있는 계기가 만들어진 겁니다. 그리고 마침내 1919년 4월 13일 중국 상하이에 임시정부가 수립되었죠. 처음에는 6개의 임시 정부가 만들어졌는데요, 같은 해 9월 11일 하나의 임시정부로 통합 됩니다. 조선과 대한제국의 역사에 마침표를 찍고, 이제 대한민국이 라는 새로운 역사의 첫 페이지를 쓰기 시작한 겁니다.

대한민국 국민을 대표하는 정부가 있었기에 연합국과 국제회의 를 무대로 외교 활동을 할 수 있었습니다. 군자금을 모아 독립군을 양성했고 중국의 간도, 연해주 지방을 중심으로 일본군과 맞서 싸웠습니다. 민족정신을 지키기 위한 교육, 신문 발행을 이어갔고 역사 문헌이나 기록을 모아 책으로 만들었습니다. 임시정부는 1941년 태평양 전쟁이 터지자 일본에 선전 포고했습니다. 주변국에 의해 일본이 패망하는 걸 소극적으로 바라보고만 있지 않았던 거죠. 1945년 해방을 맞을 때까지 우리 민족이 희망을 잃지 않도록 중심이 되었습니다. 지금의 헌법은 "3·1 운동으로 건립된 대한민국 임시정부의 법통을 계승한다"라고 말하고 있죠. 그 역사를 이루기 위해 목숨까지 바쳤던 순국선열을 잊지 말아야 하겠습니다.

아직도 남은 과제

일본의 지배 아래 있으면서 우리 민족은 말로 다 할 수 없는 수모와 고통을 겪었습니다. 그 대표적인 사례로 일본군 성노예를 꼽을 수 있습니다. 일본 정부의 묵인 아래 우리 여성들이 '위안부'라는 이름으로 전쟁터에 강제로 끌려가 성범죄에 희생당한 일입니다. 성폭행을 당한 피해자들은 병에 걸려 죽어 갔고, 심지어 임신했다는 이유로 총살을 당하기까지 했습니다. 일본이 패망한 이후에도 고국에 돌아오지 못하고 낯선 땅에서 생을 마감하기도 했죠.

그런 끔찍한 일을 겪고 살아남은 피해자들이 우리 법원에 일본을 상대로 손해배상을 청구했습니다. 최소한의 사과를 받겠다는 뜻입니다. 피해자들의 손을 들어준 첫 번째 판결은 2021년 1월에 이르

러서야 가까스로 이뤄졌는데요, 피해자들에게 각 1억 원을 지급하라는 판결이 났지요. 하지만 가해국인 일본이 아니라 피해국인 한국 법원에서 내린 판결이기 때문에 반쪽짜리라고 할 수 있습니다. 일본 정부는 계속 묵인하고 있고요.

오랜 세월이 흘렀는데도 일본의 책임을 제대로 묻지 못하는 까닭은 무엇일까요? 일본 정부의 뻔뻔한 태도는 물론이고 우리끼리조차 말입니다. 여러 이유가 있겠지만 무엇보다 친일파 청산이 제대로 이뤄지지 못했다는 사실을 빼놓을 수 없습니다. 일본에 적극적으로 협조했던 자들을 제대로 처벌하지 않았던 거죠. 친일의 대가로 그들이 쌓았던 막대한 부 역시 온전히 되돌려 놓지 못했고요. 마치 심한 병에 걸렸다 낫기는 했지만 나쁜 세포가 여전히 몸속에 남아 있는 상태와 같습니다. 이 세포들은 지속해서 크고 작은 문제를 일으키지요.

1948년 친일파 청산을 위한 '반민족행위 특별조사위원회'를 꾸렸지만 변변한 활동을 못 하고 해산했습니다. 해방 직후 한반도는 남과 북으로 쪼개집니다. 일본을 쫓아낸 미국과 소련이 남한과 북한을 각각 관리했거든요. 우리 힘으로 온전히 나라를 꾸릴 능력이 없다고 판단했던 겁니다. 게다가 미국은 내부 사정을 잘 모른 채 일제가 운영했던 방식 그대로 행정과 치안을 유지했습니다. 친일을 했던 사람들은 약삭빠르게 미국 편으로 갈아탔고요. 결국 중요한 직책을 비롯해 군대와 경찰까지 친일파 상당수가 그들의 자리를 유지했습니다. 청산은 제대로 이뤄질 수 없었죠. 몇 차례 친일파 청산을 시도

했지만 온전하지 않았습니다.

하지만 포기할 수는 없습니다. 역사를 잊은 민족에게 미래는 없다고 하잖아요. 나쁜 일을 했다면 반드시 그 책임을 져야 한다는 원칙은 지켜져야 합니다. 그래야 우리와 우리의 후손이 이 땅에서 오래도록 정의롭게 살아갈 수 있습니다. 그것이 순국선열의 희생을 헛되이 하지 않는 길입니다.

순국선열의 날
11월 17일

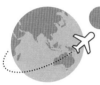

다른 나라는 어때?

메모리얼 데이

미국은 5월의 마지막 월요일을 '메모리얼 데이Memorial Day'로 기념합니다. 원래
는 미국 남북 전쟁 당시 사망한 군인들을 추모하기 위한 날이었는데요, 범위를 넓
혀 제1차 세계대전을 비롯한 모든 전쟁에서 숨진 전사자를 기리는 날로 바뀌었습니
다. 우리의 '호국 영령'에 해당하는 사람들이겠네요.

영국, 캐나다, 남아프리카 공화국, 호주, 뉴질랜드에서는 11월 11일이 '종전 기념
일Remembrance Day'입니다. 제1차 세계대전이 끝난 1918년 11월 11일을 기념해 오전
11시에 2분간 묵념을 하죠. 2분은 두 번의 세계대전을 의미합니다.

일본은 제2차 세계대전 패망일인 8월 15일에 '전국 전몰자(전장에서 싸우다가
죽은 사람) 추도식'을 엽니다. 모든 나라가 서로를 향한 총을 내려놓음으로써 이렇
게 기념할 만한 전쟁이 더는 일어나지 않기를 바랍니다.

12월
December

3

소비자의 날

갑질과 불매 운동

기업 중심의 정책에서 소비자를 중요하게 여기는 쪽으로 우리 정부의 인식이 바뀌면서 1979년 12월 3일 '소비자보호법'이 국회를 통과했습니다. 소비자 보호 단체에서는 이날을 기념하기로 하고 해마다 각종 기념행사를 했는데요, 국민의 권리 의식이 강화되면서 1996년에 이르러 국가기념일로 지정했습니다.

애초 '소비자 보호의 날'이었던 명칭은 2000년에 이르러 '소비자의 날'로 바뀝니다. 소비자는 그저 보호받기만 하는 대상이 아니라 사회에서 적극적인 역할을 하는 경제주체라는 점을 강조하기 위한 것입니다. 법률 명칭 역시 '소비자기본법'으로 바꿨고요.

소비자는 기업이 생산하는 물품에서 생기는 각종 문제를 지적하고 해결 방식을 제안하는 역할을 합니다. 이를 뒷받침하는 제도적인 장치를 강화하는 일에도 앞서고 있고요.

대량소비 시대의 위험

하루아침에 숨을 쉬기 힘들어진다면 어떨까요? 어떤 병에 걸린 것도 아닌데 100m 달리기를 한 것처럼 숨이 차는 증상이 24시간 계속된다면요? 그러다 마침내 목숨을 잃거나 평생 무거운 산소통을 끌고 다녀야 한다면요? 정말 무섭고 끔찍할 겁니다. 그런데 이 끔찍한 일을 대한민국의 수많은 소비자가 실제로 겪었고, 지금도 진행 중입니다.

1995년 봄부터 갑자기 원인불명의 폐 질환을 앓는 사람들이 나타나기 시작했습니다. 폐 조직이 굳고 폐 벽이 두꺼워지는 섬유화 때문에 산소 공급이 제대로 이뤄지지 않았습니다. 온종일 숨이 턱턱 막히는데, 도무지 이유를 알 수 없었어요. 바이러스도 아니고 전염병도 아니었습니다. 2011년에서야 밝혀진 이유는 바로 '가습기 살균제'였죠. 겨울철이면 실내가 건조해지는 것을 막기 위해 많은 사람이 가습기를 쓰는데요, 가습기 살균제는 가습기용 물에 소량 섞어서 사용하면 살균 효과가 있다고 홍보하는 제품이었습니다. 알고 보니 '독약'이었던 것이죠.

지금은 판매가 금지된 가습기 살균제는 물과 섞여 공기 중에 분무되면 사람들이 들이마시도록 만들어진 제품이었습니다. 소비자로서는 독성 물질이 들었으리라고 상상도 할 수 없었죠. "인체에는 전혀 해가 없습니다" "인체에 안전한 성분으로 구성되어 안심하고 사용할 수 있습니다"라는 문구가 버젓이 적혀 있거든. 옥시, 애경, SK케미칼, LG생활건강, 롯데쇼핑, 이마트, 홈플러스처럼 누구나 아는 유명 대기업에서 만들고 판매했습니다. 정부는 안전을 보장하는 KC마크까지 붙여 줬습니다.

가습기 살균제는 17년 동안 1,000만 개가 넘게 팔렸습니다. 집마다, 병실마다, 사무실마다 '독 안개'를 뿜었죠. 1994년부터 2011년 사이 가습기 살균제 때문에 사망한 사람은 2만 명 이상, 피해를 본 사람은 95만 명 이상이었습니다. 어린아이, 환자, 산모가 지내는 곳

소비자의 날
12월 3일

에서는 더욱 신경 써서 가습기 살균제를 사용했어요. 갓 태어난 아기가 '맑은 공기'를 마실 수 있게 하려는 엄마, 아빠의 사랑이었죠. 그 바람에 피해자의 절반 이상이 5세 미만의 영유아였습니다.

가습기 살균제라는 형태의 제품이 허가되어 판매된 것은 대한민국이 세계 최초이며 유일합니다. 새로운 화학물질을 사용하는 만큼 충분한 실험을 거쳐야 했지만, 기업들은 그보다는 돈에 눈이 멀어 안전에 충분히 신경 쓰지 않았습니다. 철저히 검증해야 할 정부 역시 제 역할을 하지 않았고요. 대량생산·대량소비가 이뤄지는 사회에서 소비자가 어떤 위험에 처할 수 있는지 보여 주는 극단적인 사례입니다.

경제주체인 생산자와 소비자

우리가 살아가기 위해서는 많은 것이 필요합니다. 우선 필수 요소인 의식주가 있죠. 비바람을 막을 집, 추위나 더위에서 몸을 보호할 옷 그리고 몸과 마음을 채우는 음식이 충족되지 않는다면 생명을 유지하기 어렵습니다. 이 기본적인 요소 외에도 우리는 배우기 위해 학교에 다니고 친구들을 만나 즐거운 시간도 보내야 합니다. 이러한 생활에 필요한 재화와 서비스를 생산하고 나누어 소비하는 활동, 그리고 그 활동으로 만드는 사회적 관계를 '경제'라고 합니다. 무인도가 아닌 이상 경제를 빼놓은 세상은 존재할 수 없습니다.

<헌법 제119조>

① 대한민국의 경제 질서는 개인과 기업의 경제상의 자유와 창의를 존중함을 기본으로 한다.

우리 헌법은 개인과 기업의 경제상의 자유와 창의를 존중하는 '자유 시장경제'를 원칙으로 합니다. 이에 따라 어떤 재화와 서비스를 어떻게 얼마나 생산할 것인지, 그렇게 만들어진 것들을 소비할지 말지는 각 주체가 알아서 자유롭게 정할 수 있기에 '경제주체'라고 합니다. 크게 가계·기업·정부를 경제주체로 꼽을 수 있고요, 수출입이 활발하기에 외국 역시 중요한 경제주체로 여겨집니다.

경제는 생산과 소비가 돌고 도는 순환으로 이뤄지는데요, 생산을 맡은 쪽이 기업입니다. 현대인의 필수품인 스마트폰을 예로 들어 볼까요? 스마트폰 기계 자체를 만드는 회사가 있고, 게임처럼 각종 기능을 수행하는 프로그램을 만드는 기업이 따로 있습니다. 거기에 각각의 기기를 연결해 주는 통신 서비스가 제공되면 친구들과 전화, 문자를 주고받고 모바일 게임을 즐길 수 있습니다.

단말기를 사고 통신 서비스를 이용하는 일이 소비입니다. 개인 또는 가정으로 이뤄진 가계가 주로 하는 일이죠. 기업은 소비자에게 필요한 재화와 서비스를 개발해 활발한 소비가 이뤄지도록 노력합니다. 가계가 소비에 쓰는 돈은 보통 기업에 노동력을 제공한 대가로 얻는 소득에서 나오고요. 이렇게 생산과 소비가 순환을 이룹니다. 소비하고 남은 돈은 저축이나 주식을 통해 다시 기업에 흘러 들

소비자의 날
12월 3일

어가 생산 활동의 밑거름이 됩니다.

한편 국가를 대표하는 정부는 생산과 소비 양쪽의 역할을 모두 하는데요, 대표적으로 생산에 필수적인 도로와 철도, 항만을 만들어서 유지하고 관리합니다. 국민 경제 발전의 기초가 되지만 그 자체로 직접 이윤을 내는 시설은 아니기 때문에 '사회 간접 자본'이라고 합니다. 이러한 시설을 관리하는 데 필요한 조직을 유지하려면 돈이 들겠죠? 여기서 정부의 소비가 일어납니다.

소비자의 적극적인 역할

정부의 중요한 역할이 하나 더 있습니다. 바로 기업 대 가계 또는 기업 대 기업의 불균형과 갈등을 중재하고 해소하는 일입니다. 헌법은 다음과 같이 말합니다.

〈헌법 제119조〉
② 국가는 균형 있는 국민 경제의 성장 및 안정과 적정한 소득의 분배를 유지하고, 시장의 지배와 경제력의 남용을 방지하며, 경제주체 간의 조화를 통한 경제의 민주화를 위하여 경제에 관한 규제와 조정을 할 수 있다.

〈헌법 제124조〉
국가는 건전한 소비행위를 계도하고 생산품의 품질향상을 촉구하기 위한 소비자보호운동을 법률이 정하는 바에 의하여 보장한다.

개인과 기업의 자유를 원칙으로 삼으면서도 정부의 간섭을 허용하고 소비자 보호 운동까지 보장하라고 한 까닭은 무엇일까요? 기업은 영리 추구를 목적으로 합니다. 돈을 버는 일은 생산자로서 해야 할 역할에 따른 것이니 절대로 나쁜 일이 아니죠. 다만 돈만 좇다 보면 심각한 문제가 생길 가능성이 커집니다. 국가 전체에 손해를 끼치거나 소비자에게 피해를 줄 수 있죠. 그 대표적인 사례가 바로 가습기 살균제 사건입니다.

기업이 생산하는 재화가 어떤 위험을 안고 있는지 소비자로서는 자세히 알기 어렵습니다. 손바닥 만한 스마트폰으로 온갖 일을 다 하지만, 이 작은 기계 안에 있는 보이지도 않는 부품이 무슨 일을 하는지, 그걸 만드는 과정이 어떤지는 알기 힘들죠. 뭔가 의심스러워도 따져 보기조차 어려울 때가 많습니다. 대기업은 일하는 사람만 수십만 명에 달하는 힘센 조직인 데 반해 개별 소비자는 상대적으로 약자이기 때문입니다.

'소비자 운동'은 이러한 구조를 극복하기 위해 생겨났습니다. 경제주체로서 자신을 스스로 지키기 위한 움직임입니다. 헌법은 국가로 하여금 소비자를 '보호'하라고 하지 않았습니다. 소비자 보호 운동을 '보장'하라고 했죠. 이것은 소비자의 자발적이고 적극적인 역할을 강조한 겁니다. 대량생산·대량소비의 시대를 살아가기 위해 소비자들이 먼저 앞장서야 합니다.

소비자 운동은 미국을 비롯한 선진국에서 20세기 초반부터 일

소비자의 날
12월 3일

어나기 시작했습니다. 소비자들은 다양해진 재화 가운데 어떻게 올바른 소비를 할 것인지 고민했죠. 기업의 생산 활동이 환경을 파괴하거나 근로자의 인권을 침해하는지 감시했고요. 또 독점 기업이 나타나 제멋대로 비싼 값을 매기지 못하게 하는 등 건강한 경제를 위한 필수적인 역할로 자리매김했습니다.

개인인 소비자의 한계를 넘기 위한 소비자 단체도 만들어졌습니다. 1936년 창립된 미국 소비자 연맹Consumer's Union이 대표적입니다. 이 단체는 소비자의 소비 활동에 도움을 주는 잡지 〈컨슈머 리포트Consumer Report〉를 매월 발간합니다. 영국 소비자 협회Consumer's Association 역시 소비자 운동을 이끄는 대표적인 자선 단체입니다. 이 단체들은 올바른 소비를 위한 정보를 제공할 뿐만 아니라 잘못을 저지른 기업을 상대로 소송을 제기하고, 소비자를 위해 필요한 법률을 제정하도록 정부에 압력을 넣기도 합니다.

우리나라에서도 1950년대부터 여러 형태의 소비자 운동이 일어났습니다. 1970년대에는 소비자 보호단체 협의회가 구성되었고, 소비자 운동 전문 단체인 한국 소비자 연맹도 설립되었습니다. 그런 가운데 1979년 소비자보호법이 만들어졌고, 소비자의 날을 기념하기로 한 것입니다. 한국 여성단체 협의회, 소비자 시민모임, 한국 소비자원 같은 여러 단체가 소비자를 위한 시장 조사와 불량 제품에 대한 소비자 고발 접수, 상담을 비롯한 다양한 활동을 하고 있습니다.

소비자의 회초리, 불매 운동

생산자와 소비자로 경제주체를 나누지만, 사실 누구든지 생산자인 동시에 소비자가 될 수 있습니다. 아무리 큰 대기업의 회장님이라고 할지라도 다른 기업이 만든 제품을 소비해야 합니다. 월급으로 소비 활동을 하는 직장인은 회사에서 생산자 역할을 하는 것이고요. 공동체 전체의 이익을 침해하는 일이 벌어지면 누구나 피해자가 될 수 있습니다. 그런 일이 벌어지면 소비자는 무섭게 매를 들지요.

2022년 유명 식품회사 제빵공장에서 일하던 근로자가 기계에 끼어 목숨을 잃는 안타까운 사고가 일어났습니다. 1년 넘게 야간근무조로 일하며 무리한 노동을 해오던 중이었습니다. 회사는 동료가 목숨을 잃었는데도 다른 근로자들이 일을 멈추지 말도록 지시했습니다. 심지어 사망한 근로자의 빈소에 빵을 보내기까지 했습니다. 빵을 만들다가 죽은 망자에 대한 최소한의 예의도 갖추지 못했다는 국민적인 분노가 일었지요. 이 분노는 해당 회사를 포함해 계열사 제품 전체에 대한 불매 운동으로 이어졌습니다.

소비자는 경제주체로서 재화와 서비스를 선택할 자유가 있습니다. 소비자의 선택을 받지 못한 제품이나 기업은 시장에서 쫓겨나죠. 불매 운동은 소비자의 강력한 무기인 셈입니다. 평소 소비자 운동에 관심이 없던 사람일지라도 어떤 사안이냐에 따라 함께할 수 있습니다. 소비자의 권리가 존중받아야 한다는 당연한 사실을 일깨워 주는 경고등이지요.

불매 운동이 일어나는 원인은 다양합니다. 과거에는 가격이나 품질처럼 제품 자체의 문제가 주된 이유였는데요, 요즘은 기업의 사회적 역할과 책임을 묻는 경우가 많습니다. '갑질'이 바로 그렇습니다. 한 우유 회사는 직원이 대리점주에게 폭언을 쏟으며 물건을 강매시킨 사실이 드러났습니다. 여성 직원이 임신하면 회사에서 나가도록 한다는 내부 폭로까지 잇따랐죠. 몇 가지 의혹이 더해지면서 소비자들이 회초리를 들었고, 그 회사는 업계 1위 자리에서 내려와야 했습니다.

2019년 일본은 징용 근로자에 대한 대한민국 대법원의 배상 판결을 문제 삼아 한국에 대한 무역 규제를 강화했습니다. 이에 정부의 대응과는 별개로 우리 국민은 일본 상품 불매 운동을 시작했죠. 편의점에서 일본 식품이 사라졌고, 거리에서 일본 브랜드를 찾아보기 어려워졌습니다. 소비자 운동이 국가 차원의 변화까지 끌어낼 수 있다는 사실을 증명한 사건입니다.

소비를 이끌 것인가, 끌려다닐 것인가

SNS에는 부러운 사람이 참 많습니다. 그들이 걸친 옷이나 신발, 가방의 상표가 참 근사해 보이죠. 가격을 어림잡으면 눈이 휘둥그레집니다. 산뜻한 조명 아래 잘 차려진 음식은 입에 넣기 아까울 정도

내가 어떤 걸 소비했는지 SNS에 올려서 자랑하기도 하지만, 반대로 좋은 걸 입고 맛있는 걸 먹는 남들의 모습에 부러움을 느끼기도 합니다.

고, 한 달이 멀다 하고 새롭게 출시되는 전자제품은 내 스마트폰을 초라하게 만들기도 합니다. 인플루언서들은 입을 모아 뒤처지지 말라고 말하지요.

현대인의 삶을 소비로 나눌 수도 있을 것 같아요. 무엇을 먹고 입고 쓰느냐에 따라 그 사람을 판단하거든요. 경제력은 기본이고, 어떤 게임, 어떤 OTT 서비스를 이용하는가로 성격과 취향도 나눕니다. 자주 찾는 유튜브 채널로 욕구와 정치 성향을 미루어 짐작하기도 하고요. SNS를 즐겨하는 사람들은 본인의 일상을 매일 세상에 중계하기도 합니다.

그런데 겉으로 드러나는 모습이 다 진짜일까요? 명품을 자랑하고 싶어서 무리한 소비를 하다가 빚에 쫓기고, 짝퉁을 뽐내다 창피를 당하기도 합니다. 하루가 멀다 하고 인스타그램 스토리에 올렸던 핫플 사진은 알고 보니 2시간 넘게 웨이팅해서 겨우 찍은 거고요, 인증샷 먼저 찍느라 차갑게 식은 음식을 먹기도 합니다. 이런 일들이 흔하다 보니 영상 촬영을 할 때와 안 할 때 모습의 차이가 개그 소재가 되기도 합니다.

경제가 유지되고 성장하기 위해 생산·소비가 이어져야 하는 것은 맞습니다. 기업은 이윤을 남기기 위해 어떻게 하면 소비를 늘릴 수 있을지 연구합니다. 매일 우리가 접하는 광고들이 그 연구의 결과물 중 하나죠. 별생각 없이 광고에 끌려가면 자칫 감당할 수 없는 과소비를 하게 될 수도 있습니다.

가뜩이나 기업이 부추기는데, 요즘은 소비자들끼리도 서로를 유혹합니다. 명품이 없으면 뒤쳐지고 불행한 거라는 분위기를 만들지요. 남들만큼 또는 남들보다 하나라도 더 자랑하려고 합니다. 필요한 물건인지, 터무니없는 가격은 아닌지, 생산 과정에 문제는 없는지 하는 고민은 뒷전으로 밀려나 버리죠.

기업은 생산을 늘리기 위해 자꾸만 새로운 물건을 만들어 냅니다. 과거에 비해 지금은 최신 제품이 출시되는 속도가 무척 빠릅니다. 최신 스마트폰은 1년도 안 되어 헌 물건이 되지요. 사람마다 경제력이 차이 나기 때문에 아무리 많이 가지려 해도 누군가는 더 가진 사람이 있을 수밖에 없습니다. 무리해서 뒤쫓으면 넘어질 수밖에 없어요. 아무리 먹어도 끊임없이 배가 고픈 것처럼 만족도 행복도 찾을 수 없습니다. 물론 정말 갖고 싶은 물건이 있다면 가끔은 플렉스할 수도 있습니다. 그러나 소비에 끌려다니지 않도록 스스로 제어

할 줄 알아야 합니다. 이리저리 끌려다니는 너무 가벼운 내가 되지 말자고요. 여러분은 미래가 훨씬 중요한 사람이니까요.

소비자의 날
12월 3일

다른 나라는 어때?

세계 소비자 권리의 날

　다른 나라들은 대부분 3월 15일을 '소비자 권리의 날'로 기념하고 있습니다. 미국의 제35대 대통령인 존 F. 케네디는 1962년 3월 15일 미국 의회에 처음으로 소비자 이익을 보장하기 위한 특별 교서(대통령이 필요에 따라 수시로 의회에 보내는 문서)를 보냈는데요, 이를 기념해 국제 소비자 연맹은 해마다 새로운 주제를 선정하며 소비자 운동을 이어가고 있습니다.

　이전에는 경제의 중심이 생산을 맡은 기업에만 있다고 여겼습니다. 소비자는 기업의 물건을 구매하는 역할일 뿐, 경제주체로서 적극적인 지위는 없다고 보았지요. 케네디는 소비자의 4대 권리로 안전할 권리·알 권리·선택할 권리·의사를 반영할 권리를 보장하자고 했습니다. 이후 1975년 경제협력 개발기구OECD는 소비자의 5대 권리를, 1980년 국제 소비자 연맹은 소비자의 7대 권리를 선언했습니다.

이런 날도 있어?

우리의 정체성
'세계 한인의 날'

　태어나 처음 들어가 본 탄광은 무섭게 어두웠습니다. 땅속 깊은 곳 막장(갱도의 막다른 곳)이 뿜어내는 지열과 먼지 때문에 숨 쉬기조차 버거웠습니다. 서양인의 체격에 맞춰 만들어진 곡괭이와 삽은 무겁게 어깨를 짓눌렀죠. 작고 깡마른 동양인이라며 독일인 동료들로부터 차별받기 일쑤였고요. 그렇게 피땀 흘려 번 돈은 고국의 가족들에게 전달되었고, 오늘의 대한민국을 이루는 밑천이 되었습니다.

　1960~1970년대 춥고 배고파야 했던 대한민국을 떠나 독일에서 광부로 일했던 사람들에 관한 얘기입니다. 세계 10위권 안에 드는 현재의 경제 대국으로 성장하기 전에 겪었던 설움이죠. 그들 중 상당수는 독일에 정착했습니다. 그곳에서 가정을 이루고 이주민의 삶을 시작했지요.

　고국을 떠나 해외로 이주했던 역사는 19세기 중반으로 거슬러 올라갑니다. 특히 일본의 침략이 시작되면서 많은 사람이 중국과 러시아로 향했죠. 독립운동을 소재로 한 영화와 드라마에 중국이 자주 배경으로 등장하는 이유입니다. 우리 국민은 현지에 적응하는 것을 넘어 민족학교를 세우고 항일 운동 단체를 결성했습니다. 3·1 운동 이후에는 국경을 넘어 일본군과 전투를 벌일 만큼 큰 세력을 이루기도 했죠.

20세기 초반 일본과 미국으로 이주했던 사람도 많았는데요, 일자리를 찾아 또는 서양의 지식과 기술을 배우기 위해, 다양한 이유로 타향살이를 시작했습니다. 저마다 혹독한 어려움을 겪으면서도 고국을 잊지 않았죠. 파독 광부들이 그랬던 것처럼 여러 방법으로 고국에 힘을 보탰습니다. 지금은 국제무대에서 활약하기 위해 세계 곳곳으로 향하는 사람이 많아졌는데요, 이처럼 오랜 역사를 가진 해외 이주의 결과 재외동포의 숫자는 800만 명 가까이에 이릅니다.

대한민국의 국적을 유지하고 있거나, 그렇지 않더라도 모두가 하나의 뿌리에서 뻗어 나갔죠. 10월 5일 '세계 한인의 날'은 그들이 한국인으로서의 정체성과 자긍심을 지키도록, 해외에서 홀대받지 않도록 제정한 기념일입니다. 1999년부터는 '재외동포법'으로 이들의 법적 지위를 공식적으로 인정했고요, 2012년부터는 국적을 유지하고 있다면 투표도 할 수 있게 했습니다.

세계의 별별 날

굶는 사람이 없도록
'세계 식량의 날'

"밥은 먹었어?"

어른으로부터 이런 인사말 종종 들어 봤을 거예요. 그냥 '안녕'이라고 하는 대신 식사를 묻는 이유가 뭔지 아나요? 우리는 오랜 기간 배고픈 삶을 살았습니다. 일본의 식민지 지배에 이어 한국전쟁까지 겪었잖아요. 불과 몇십 년만 거슬러 올라가도 먹고 싶은 만큼 배불리 먹기 어려웠습니다. 지금처럼 너무 많이 먹어서 다이어트를 하는 일은 상상도 못 했죠.

그러다 보니 서로 끼니를 걱정해 주는 일이 인사로까지 이어진 겁니다. 그냥 인사치레가 아니라, 형편이 조금 나은 집이라면 배고픈 이웃에게 밥 한 끼 대접하는 걸 당연하게 여겼습니다. 물론 우리나라만 굶주린 건 아니지만, "밥 먹었어?"라는 인사말은 다른 나라에는 없는 우리만의 따뜻한 정이 담긴 풍속입니다. 외국인들은 신기해하고 부러워한다네요.

굶주림은 이제 지나간 역사가 된 걸까요? 그렇지 않습니다. 먹는 일을 걱정하는 사람들이 여전히 있습니다. 우리나라만 해도 제대로 된 한 끼를 걱정해야 하는 결식아동이 여전히 30만 명이나 있습니다. 가정 형편이 어렵거나 다른 사정으로 식사를 걸러야 하는 노인도 많고요. 이웃의 범위를 세계로 넓혀 보면 문제는 더욱 심각해집니다.

유엔에 따르면 세계 인구의 10%가량인 8억여 명이 심각한 굶주림에 시달리고 있습니다. 대한민국 인구만큼의 어린아이들이 영양실조에 걸렸고요. 간혹 하루 이상 굶어야 하거나 제대로 먹지 못하는 사람들까지 포함하면 전 세계 인구의 3분의 1은 여전히 배가 고프다고 합니다. 불편한 진실은, 그런 가운데 생산되는 식량의 약 40%가 음식물 쓰레기로 버려진다는 거예요. 음식물이 부패하면서 환경 오염까지 일으키는 상황입니다.

이런 모순을 어떻게 극복할 수 있을까요? 10월 16일은 식량 문제에 관심을 갖게 하려고 유엔이 정한 '세계 식량의 날'입니다. 기아 퇴치를 위해 어떻게 음식물을 소비해야 할지 다 같이 생각해 보자는 것이죠. "밥은 먹었어?"라고 묻는 우리의 따뜻한 정을 세계로 확장해 보면 어떨까요?

사진 출처

18쪽   대한민국역사박물관

26쪽   대한민국역사박물관

30쪽   Albamhandae / 위키미디어

38쪽   지구벌레 / 위키미디어

40쪽   대한민국역사박물관

42쪽   제주4·3평화재단

53쪽   대한민국역사박물관

56쪽   대한민국 국군 / 위키미디어

67쪽   중앙대학교 / 위키미디어

77쪽   국립국어원 / 위키미디어

111쪽   Stilgherrian / 위키미디어

123쪽   대한민국역사박물관

134쪽   Mar del Este / 위키미디어

144쪽   Kenny Kenneth / Unsplash.com

167쪽   FMichaud76 / 위키미디어

170쪽   Dustan Woodhouse / Unsplash.com

180쪽   대한민국역사박물관

220쪽   대한민국 국군 / 위키미디어

237쪽   Mathew Schwartz / Unsplash.com

244쪽   대한민국역사박물관

251쪽   대한민국역사박물관

266쪽   Eaters Collective / Unsplash.com

다른 포스트

뉴스레터 구독신청

양지열의 국가기념일 수업
시민력 만렙을 위한 법과 공동체

초판 1쇄   2023년 4월 7일

지은이   양지열

펴낸이   김한청
기획편집   원경은 차언조 양희우 유자영 김병수 장주희
마케팅   최지애 현승원
디자인   이성아 박다애
운영   최원준 설채린

펴낸곳 도서출판 다른
출판등록 2004년 9월 2일 제2013-000194호
주소 서울시 마포구 양화로 64 서교제일빌딩 902호
전화 02-3143-6478 팩스 02-3143-6479 이메일 khc15968@hanmail.net
블로그 blog.naver.com/darun_pub 인스타그램 @darunpublishers

ISBN 979-11-5633-531-3 (43300)

다른 생각이
다른 세상을 만듭니다